AF489181

DAN FANTE

UN GIN-MEANDO-CARNE-VIVA-CARBURADOR-V8-DUAL-HIJO-DE-PUTA DE LOS ÁNGELES

Traducción y notas de Juan Arabia

buenosaires
poetry

Fante, Dan

    Un gin meando carne viva carburador V8 dual hijo de puta de Los

    Ángeles : poemas recobrados 1983-2002 . - 1a ed. -

Ciudad Autónoma de Buenos Aires : Buenos Aires Poetry, 2015.

    206 p. ; 17,78 x 25,4 cm.

    ISBN 978-987-45761-1-8

    1. Poesía Estadounidense. I. Título

CDD 811

Título original: A gin-pissing-raw-meat-dual-carburetor-v8-son-of-a-bitch
from Los Angeles: Collected Poems 1983-2002 copyright ©2002 by Dan Fante,
Sun Dog Press 2002, Northville

Traducción: ©Juan Arabia
Diseño de portada e interiores: ©Camila Evia

www.editorialbuenosairespoetry.com

UN GIN-MEANDO-CARNE-VIVA-
CARBURADOR-V8-DUAL-HIJO-
DE-PUTA DE LOS ÁNGELES

March 31, 2014

Hi Juan —
Here's a copy of Dan Fante's
GIN PISSING.
Let me know when you
receive it.
All best,
— al

22058 Cumberland Drive, Northville, MI 48167 USA

Prólogo

La *tradición* norteamericana mantiene una circulación ya definida en términos de reproducción, esto es: una forma de estandarización o anticipación de las nuevas formas de expresión o sentido. En Estados Unidos, las «escuelas de poesía» —al menos hasta Bukowski— no hicieron más que generar un diálogo entre precursores y tendencias: Eliot construyó el muro que la *Generación Beat* se encargó de derribar, levantando de la carretera las hojas muertas de la tradición; los *Confesionalistas*, como Lowell y Bly, buscaron una salida por debajo de cuevas o antiguas tradiciones. Pero incluso autores como Jack Kerouac o Allen Ginsberg, que se lanzaron sobre la experiencia misma, respondieron en forma causal, indirecta, sobre un sedimento formal, a veces difuso, pero definitivamente ortodoxo.

La crítica norteamericana representa esta visión, y sus máximos pilares —como Harold Bloom, Emory Elliot o James Breslin— siguen esperando que desde las aulas de Yale, Princenton o Berkeley surja el nuevo poeta, o profeta, Emersoniano-Whitmaniano.

Olvidando estos patrones —"ese plomazo de T.S. Eliot"— y encierros universitarios, la poesía de Dan Fante se preocupa por saber qué es lo que ocurre bajo el sol. Y a pesar de que los infortunios y las desgracias cercaron su vida (el horrible destino de su padre y su hermano, Nick), un solo propósito encierra su obra: escribir desde y con el corazón…

Porque con los escritores de lo que siempre se trata es de sentir sus sentimientos.

Lejos de «escuelas», la *formación* de Fante se inscribe en una línea de "santos anormales escritores muertos / que ahogaron el dolor de sus corazones puros / en tanques de gin".

Ahogado en gin, acabado y nacido de nuevo, "esta voz que sobrevivió a psiquiatras y cárceles y tres divorcios y el suicidio", Dan Fante mea con la misma intensidad que Rimbaud: hacia un cielo oscuro, muy alto, muy lejos… Mea del mismo tanque que Carver, Bukowski y su padre —John— llevaron lleno a la otra vida.

Todas estas páginas encierran demonios y tristezas. Pero algo anterior las sostiene, algo sensible y eterno, parecido a una llama blanca…

Juan Arabia,
8 de Junio de 2015, en Buenos Aires.

Un gin-meando-carne-viva-carburador-V8-dual-hijo de puta de Los Ángeles

Poemas Recobrados

1983-2002

SANTA MONICA

It looks like the same ocean
but this is San Monica—not nirvana
sitting
squinting out at sunrise in a forty-dollar-a-day motel
by the sea
all expenses paid by snoring girl in bed behind me
who bought the drinks last night
after I read some of my ten-year-old stuff from a wine-stained
notebook
and
one more time
made of fine success at impersonating a real writer

my shit—remarkably-—even sounds like me
before I lost my muse
and became a hopeless moron-hasbeen-talentless-retard
fuck
with a freight train roaring through my mind
chasing a ridiculous lost idea of literary perfection

But I warn you
I´m like dented 1985 Ford
with a buster radiator,
a cracked windshield,
and 3 bald tires
speeding down the 405

SANTA MÓNICA

Luce como el océano mismo
pero es Santa Mónica —no el nirvana
sentado
entrecerrando los ojos al amanecer de un motel de 40 dólares por día
al lado del mar
todos los gastos pagos por la chica que ronca detrás de mí
que compró las bebidas de anoche
después leí algunas cosas de mis últimos diez años en un cuaderno
    manchado con vino
y
una vez más
tuve mucho éxito haciendo el papel de un escritor de verdad

mi mierda —notablemente— incluso suena como yo
antes de que perdiera mi musa
y me convirtiera en un desesperanzado idiota-desconocido-sin
    talento-retardado
de mierda
con un tren de carga que ruge a través de mi mente
persiguiendo la ridícula y perdida idea de la perfección literaria

Pero te advierto
soy como un Ford 1985 abollado
con un radiador arruinado,
un parabrisas agrietado,
y tres llantas lisas
yendo a toda velocidad por la 405

Don´t try diss me or pass me or call my bluff
´cause—see

when I´m cornered
I can write like a gin-pissing-raw-meat-dual-carburetor-V8-son-of-
a-bitch

even in Los Angeles

No trates de humillarme, de pasarme o engañarme
porque —mirá

cuando estoy acorralado
puedo escribir como un gin-meando-carne-viva-carburador-V8-
dual-hijo de puta

incluso en Los Ángeles

KATIE

Half drunk
and fool
at 1:00 a.m. in the Tattle-Tail Bar

somehow, sitting back down,
on my way from the jukebox
my face brushed your hair
and cuzzled your perfume

and I said hi—and you and your girlfriend Ginger
both
smiled back

and we talked

and then you were cold and so you put on your fake leopard coat
before you went to the ladies room
and—not knowing for sure why—
I stole your keys off the bar
and made a secret hidden game in my hand of trying to guess
which one went to what door

then tasted them, rubbing my tongue over each one

And you and Ginger sipping your margueritas
and talking about breast augmentation and upgrading your jobs and
moving to San Diego

KATIE

Medio borracho
y tonto
a la 1:00 de la mañana en el *Tattle-Tail Bar*

de algún modo, cuando me senté de nuevo,
al volver de la máquina de discos
mi cara rozó tu cabello
y descansé en tu perfume

y dije hola —y vos y tu amiga Ginger
las dos
me sonrieron

y hablamos

y tenías frío, entonces te pusiste tu abrigo de leopardo falso
antes de eso fuiste al baño
y —sin saber precisamente por qué—
robé tus llaves del bar
e hice un discreto y oculto juego con mi mano que trataba de adivinar
	a qué puerta me llevaría cada una de ellas

después las probé, frotándolas con mi lengua

Y vos y Ginger dando sorbos a sus margaritas
y hablaban del aumento de senos, de sus ascensos en el trabajo
y de mudarse a San Diego

And when the time was right I leaned over and whispered
something like "I like your tits" and went for the kiss
because—see—I knew if I didn't get one—I'd be ahead
because
you'll be calling a locksmith in half an hour
and I
all the way home, will be humming a BB King love song to myself

Y cuando llegó el momento adecuado me incliné y dije en voz
    baja algo así como "me gustan tus tetas" e intenté besarte
porque —mirá— yo sabía que si no lo conseguía — igual tendría
    una ventaja
porque
vos estarías llamando un cerrajero en media hora
y yo
estaría volviendo a casa, tarareando todo el camino una canción
    de amor de BB King

■

I met the meanest
bastard starving cat
while sitting with a book
on a bench
smoking half pack of Luckies
at Venice beach

He saw me and came up
white
filthy
with one green eye
and one yellow eye
and a fresh slash on his scarred ear

Angry as a wounded wolf
he kept his distance
and his look said, feed me or fuck off
that bench you´re on is my territory

What he didn´t know is that I know desperate too
and crazy
and what emptiness and aloneness and rage can do to you when
you´ve got nothing but your own pain in your pockets and your
home is a busted-out 1978 Pontiac stalled in a alley in West L.A
and the voice in your mind is carving you up and killing more of
you off each day and you wake up and drink more rat-piss wine to
keep you from instant madness and god becomes a guy coming

■

Conocí al más miserable
bastardo y hambriento gato
mientras estaba sentado con un libro
en un banco
fumando medio paquete de Luckies
en Venice Beach[1]

Me vio y se acercó
blanco
sucio
con un ojo verde
y otro ojo amarillo
y un corte fresco en su oído lleno de cicatrices

Enojado como un lobo herido
mantuvo su distancia
y su mirada decía, dame de comer o andáte a la mierda
el banco en el que estás es mi territorio

Lo que él no sabía era que yo también estaba desesperado
y loco
y lo que el vacío y la soledad y la rabia pueden hacerte cuando no
tenés más que dolor en tus bolsillos y tu casa es un Pontiac de 1978
reventado y estancado en un callejón al oeste de Los Ángeles y la
voz en tu mente está taladrándote y matándote aún más cada
día y te levantás y tomás más vino de pis de rata para protegerte
de una locura inmediata y dios se convierte en un tipo que aparece

out of the 7-11 handing you chump change toward another
fucking jug and fear is your finest feeling and love is dead and
all time is dead an even your eyes stink and your gut is bloated
with the screaming voices of those you hate and the only real
sanity there is can be found in the small miracle of sucking
back one more drink

That mean white cat didn´t know that I´ve been cut too

from the same cloth

the only difference between us
                                        is ten years and a typewriter

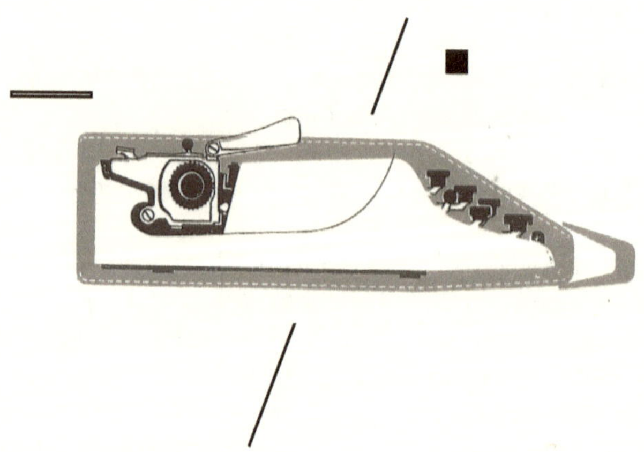

del 7-11 ofreciéndote la miseria de otra maldita jarra y el miedo
es tu mejor sentimiento y el amor es muerte y todo tiempo es
muerte y hasta tus ojos apestan y tus tripas están hinchadas con
los gritos de aquellos a los que odiás y la única cordura real que
existe puede encontrarse en el pequeño milagro de meterse de
nuevo otro trago

Eso quiere decir que el gato blanco no supo que yo también
    había sido cortado

con la misma tijera

la única diferencia entre nosotros
                        son diez años y una máquina de escribir

---

1 Venice es un distrito de Los Ángeles, California.

Stuck on my novel and wasting time
I drove up Beachwood Canyon in the hills
today
under the
H o l l y w o o d
sign

                              and felt
again
how it must have been seventy years ago for my old man and Nat West
and Fenton and Bill Faulkner and that pack of over-paid

Looking down through the soot I said out loud,
"You   wanted this?"
A
Spanish mansion on this hill—and fame
and hearing people whisper your name when you entered Musso's bar
and
blowjobs from not-quite actresses after the card game and too many
drinks at the garden of Allah

Then
I reminded myself
that what you really left
behind
carelessly, unintentionally
in these greedy hills
could never have been bought or sold

■

Atascado en mi novela y perdiendo el tiempo
conduje por Beachwood Canyon[1] en las colinas
hoy
bajo
el cartel de
H o l l y w o o d

                              y sentí

de nuevo
cómo debió haber sido sesenta años atrás para mi padre y Nat West
y Fenton y Bill Faulkner y el paquete de los explotados por grandes sumas

Mirando hacia abajo a través del hollín, dije en voz alta
"¿Querías   esto?"
Una
mansión española en esta colina —y fama
y escuchar a la gente que murmura tu nombre cuando entrás en el bar Musso
y
mamadas de actrices de segunda después del juego de cartas y muchos
tragos en el jardín de Alá

Entonces
me recordé a mí mismo
que lo que realmente dejaste
atrás
sin cuidado, involuntariamente,
en estas colinas codiciosas
nunca podría haber sido comprado o vendido

John Fante´s gift to me
was
his
pure writer´s heart

lo que John Fante me regaló
fue
su
puro corazón de escritor

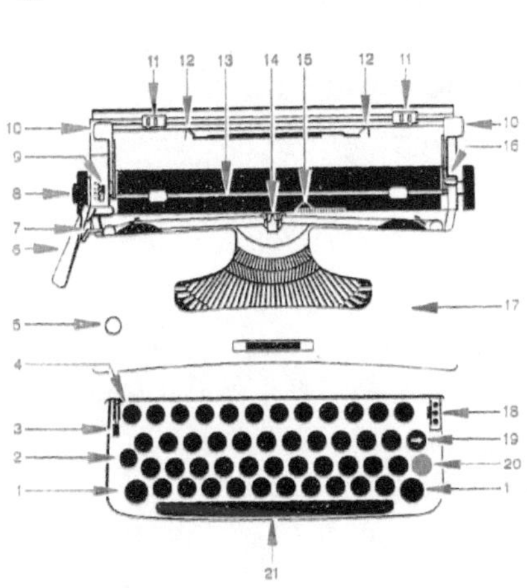

---

1 Beachwood Canyon es una comunidad en el distrito de Hollywood Hills, en la zona norte de Hollywood, en Los Ángeles, California.

I DON´T NEED...

a biblical bearded Jesus
with shaved arm pits
and trimmed Beverly Hills goatee
where the price tag for sanity
comes around
faithfully in a glittering collection plate

Salvation like that takes too long

The voices consuming my brain
or saving me from myself
are yelling
right now

here
now

the magic I need to quiet the slashing
and the screaming and the murderer
within
me
must
arrive on time
at the intersection of
right here—right now

living
raw

NO NECESITO...

una barba bíblica de Jesús
con axilas afeitadas
ni una recortada barba candado de Beverly Hills
donde el precio de etiqueta por cordura
viene fielmente alrededor
en una brillante placa de colección

Una salvación como esa lleva mucho tiempo

Las voces que consumen mi cerebro
o me salvan de mí mismo
están gritando
ahora mismo

acá
ahora

la magia que necesito para calmar el corte
y los gritos y al asesino
dentro
de mí
deben
llegar a tiempo
en la intersección
del acá y el ahora mismo

viviendo
en carne viva

exposed to magnetism of death and life
each instant

used up or born again
now
I'll take that
or

the bone yard
for fatuous pussies

expuesto al magnetismo de la vida y la muerte
a cada instante

acabado o nacido de nuevo
ahora
voy a tomar eso
o

el jardín de los penes
para las vaginas presumidas

■

Okay, that´s it!
I´ve spent too much time thinking over this shit
plotting
mocking up previews of conversation after conversation
designed to get my point across
—making sure that you absolutely consider MY side

while you stay barricaded in the bedroom talking to that false silicone
bitch you call every time we fight

this relationship has come to require my full-time concentration
worse even that TV

and I can´t get anything done

I know,
why not just admit I´m right
and
let´s move on

———

■

Bueno, ¡eso es todo!
Pasé mucho tiempo pensando en esta mierda
tramando
imitando anticipos de conversación tras conversación
planeando lograr hacerme entender
—asegurándome de que tengas en cuenta MI lugar

mientras vos atrincherada en la cama hablando con esa falsa silicona
perra, decís, cada vez que nos peleamos

esta relación se convirtió en mi concentración de tiempo completo
aun peor que la televisión

y yo no puedo conseguir nada

lo sé,
por qué no admitimos que tengo razón
y
seguimos adelante

■

From the start I could tell she didn't love him
you know—100 %

or give too much of a fuck about anything that wasn't her priority
her packing ticket, *her* electric bill—
because instinctively, I could see
she knew
how to use
him

she was perfect—a transcendent mooch master

And I told him: people do and say what we need
to say and do
to get what it is we think we need

lies are our way of staying alive

So one day last week she's gone and he's on the phone and drunk and
saying how perfect it all was and he can't understand what happened
and me
listening and listening
and
and grunting uh-huh occasionally
and
finally running out of cigarettes
and saying
"Well—hey Mike, I gotta go now"

Desde un principio podría decir que ella no lo amaba
vos sabés —un 100 %

o que le importaba un carajo todo lo que no fuera su prioridad
su ticket de embalaje, *su* factura de electricidad—
porque instintivamente, yo podía ver
cómo ella
sabía a él
utilizarlo

ella era perfecta —una extraordinaria maestra del aprovechamiento

Y a él le dije: la gente hace y dice lo que necesitamos
lo dice y lo hace
para conseguir que pensemos en eso que supuestamente necesitamos

las mentiras son nuestra forma de seguir con vida

Así, un día de la semana pasada ella se fue y él borracho por teléfono
me decía lo perfecto que era todo y que no podía entender qué había pasado
y yo
escuchando y escuchando
y
gruñendo ocasionalmente hum-hum
y
finalmente quedándome sin cigarrillos
y diciendo
"Bueno —Mike, ahora me tengo que ir"

and
hanging up and realizing once again that conviction is still the essential
sales component in bullshit

and all the time the smell of her there next to me in the bed

y
colgando el teléfono y dándome cuenta otra vez de que el
    convencimiento es todavía
el esencial componente de la puta mentira en venta

y todo el tiempo el olor de ella a mi lado en la cama

When I think about my pop—now
now that he's really famous
and people finally saying about him what he knew
and told everybody anyway thirty years ago

I realize that he never really doubted his genius
that his rage and bitterness were all wars against life

little unrecorded nuclear detonations—territorial marking

And it was all the same to Pop

Life was a bich

■

Cuando pienso en mi papá —ahora
ahora que es realmente famoso
y finalmente la gente está hablando acerca de lo que él sabía
y le dijo a todo el mundo hace treinta años

Me doy cuenta de que en realidad él nunca dudó de su genio
que su rabia y amargura fueron todas guerras contra la vida

pequeñas y no registradas detonaciones nucleares —como quien
   marca territorio

Y todo era lo mismo para Papá

La vida era una perra

PARROTS

Broke again
and
carless
and hoping to mooch a free month in Malibu
I discovered that now there are wild parrots breeding on Point Dume
In Malibu

Big
loud noisy green fuckers
laughing in the high trees—following me up the road in the afternoon
sun from the highway
chattering their non-sense like an orchestra in warm-up chaos

This time I´m coming home with all that I own in a plastic bag
along with my typewriter and my taste for gin

Mom opened the door
and smiled when she saw me
and
that night we laughed the parrots and talked on endlessly
about
Dickens and Rupert Brooke and Millay
and that jerk T.S. Elliot

And I went off to the spare bedroom
drunk on free gin
sad for my old man´s fading ghost
and thanking Jesus there was one person left alive
who´d still listen to my
bullshit

LOROS

Otra vez quebrado
y
descuidado
y con la esperanza de garronear un mes gratis en Malibú
descubrí que ahora hay loros silvestres que se reproducen en Point Dume
En Malibú

Grandes
verdes y ruidosos hijos de puta
riendo en lo alto de los árboles —siguiéndome por el camino en la tarde
de sol desde la autopista
charlando sin sentido como una orquesta de animado caos

Esta vez estoy volviendo a casa con todo lo que tengo en una bolsa de plástico
junto con mi máquina de escribir y mi gusto por la ginebra

Mamá abrió la puerta
y sonrió cuando me vio
y
esa noche nos reímos de los loros y hablamos incesantemente
acerca
de Dickens y Rupert Brooke y Millay
y de ese plomazo de T.S. Eliot

Y me fui a la habitación de invitados
borracho de gin gratis
triste por el fantasma desvanecido de mi padre
y agradeciendo a Jesús que había una persona con vida
que todavía iba a escuchar mis
pelotudeces

NICHOLAS JOSEPH FANTE

You jerk
now it´s three years
since you guzzled your last quart of supermarket bourbon
and paraded your guts and blood
on the your kitchen floor
and denied and lied
and
died
completely insured—utterly alone

as white as your wife´s faultless starched bed sheets

I still can´t conclude a purpose
or a meaning
or a hint of wisdom
or recognize any spiritual symmetry
that could permit such pain
and loss

All I know is that you were a bad drunk and genius—forlorn
and sad
and bad-tempered

I just keep whishing I´d had my chance to say good-bye

NICHOLAS JOSEPH FANTE

Idiota
ahora se cumplen tres años
desde que consumiste tu último cuarto de *bourbon* de supermercado
y desfilaron las tripas y la sangre
en el suelo de tu cocina
y negaste y mentiste
y
moriste
completamente asegurado —absolutamente solo

blanco como las impecables sábanas limpias de tu esposa

Todavía no pude llegar a una razón
o a un significado
o a una pizca de sabiduría
o reconocer algún tipo de simetría espiritual
que pudiera permitir tanto dolor
y pérdida

Todo lo que sé es que eras un mal bebedor y un genio —desolado
   y triste
y de mal temperamento

Yo sólo sigo deseando tener la oportunidad de decir adiós

■

Hey Jimmi!
after
ten years (jesus, it is that long) and a million more gin n´tonics
it still stalks my brain
this stuff about
you

My mind just spit out a new toothless reanimation
like finding a cracked photograph in the back of a desk drawer
reminding me again
of how I was once impossibly hooked
—I guess impaled is the better word—by someone
as willfully beautiful as you

Trust me—I know fortified thoughts are forgeries
but
just now—your ghost smiled over at me
sitting here on my stool at the Sunset Saloon
looking out at a Venice Beach winter night and the wind flinging shit
across the sand
at god
and a fat shopping cart lady diving in the garbage for half-eaten
fast food
and aluminum cans
twenty feet away

■

¡Ey, Jimmi!
después
de diez años (jesús, es tanto tiempo) y más de un millón de gin tonics
todavía en mi cerebro acechan
estas cosas acerca
de vos

Mi mente sólo escupió una nueva e inútil reanimación
como la búsqueda de una fotografía agrietada en el cajón del escritorio
que me hace recordar de nuevo
cómo alguna vez estuve increíblemente enganchado
—creo que atravesado es la mejor palabra— con alguien
tan obstinadamente hermosa como vos

Confiá en mí —yo sé que los pensamientos reforzados son falsificaciones
pero
en este momento— tu fantasma se ríe de mí
sentado acá en mi banco de *Sunset Saloon*[1]
mirando hacia afuera en una noche de invierno de Venice Beach
    y la mierda que arroja el viento
a través de la arena
hacia dios
y la mujer gorda del carro de compras que bucea en la basura por
    restos de comida rápida
y latas de aluminio
a unos seis metros de distancia

making me understand—finally
what I´ve been left with
is only the falseness of a scent—and trusty frosted glass

a forgery

nothing close to my heart´s truest resonance
of the love and pain and bloodshed we caused other
or the real fragrance
of
you

haciéndome entender —finalmente
que lo que me quedó
es sólo la falsedad de un aroma— y un fiel vidrio esmerilado

una falsificación

nada más cercano a la pura resonancia de mi corazón
del amor y el dolor y la masacre que causamos el uno en el otro
o
tu
verdadera fragancia

---

1 Bar en la costa de California.

CYNTHIA

He painted that painting
says eee—especially for you
no gallery will ever have it
and l o o k—eee says, see, I even signed it (in his stupidity frilly
                                                            | flourish)
and
flashing fat teeth

Now eee tells U how nice your new blouse looks
and your leer back and I realize this whole deal—him being here
in the middle of the afternoon—iz filled with effusive
greasedpigshit
lies

And
the blue
eee says—with his best leer—
on that corner of the canvas represents his purest expression of intimacy
and is the same (fucking) blue as the peacock wallpaper in our bedroom
        where it should go
            and
                        you told the thing
                against the pillow on the couch and we all evaluate
and I watch this shit like a chimpanzee licking his cock because art for
art´s sake is not that brought his ass here today
especially to bbbbbbb with u

CYNTHIA

Él pintó esa pintura
dijo eee—especialmente para vos
ninguna galería jamás la tendrá
y m i r á-eee dice, incluso la firmé (en su estúpido ornamento floreado),
con
gordos y brillantes dientes

Ahora eee te dice lo hermosa que se ve tu nueva blusa
y devolviste una mirada seductora y entendí todo este asunto —él
    está acá en el
medio de la tarde— lleno de efusivas
mentiras
grasosasmierdasdecerdo

Y
el azul
dice eee —con su mejor mirada—
en esa esquina del lienzo representa su más pura expresión de intimidad
y es el mismo (puto) azul que el empapelado de pavo real que hay
    en nuestra habitación
        donde debería ir
            y
                        vos sostenés la cosa
                    contra la almohada en el sofá y todos la evaluamos
y yo miro esta mierda como un chimpancé lamiendo su pija porque
el arte por amor al arte no es lo que trajo su culo hasta acá
especialmente para eeeeestar con vos

and
before I can grab my keys
and go to the movies
or the bookstore or wherefuckinever it is I am escaping to go to
because now I don't drink no more or slam no dope
and
—in that instant—see for myself—
that being married to you one more goddamn day will cost me my sanity
say
"well, I'll see you later"
then kiss your perfect lips good-bye

y
antes de que pueda agarrar mis llaves
e irme al cine
o a la librería o dondemierdasea que me esté escapando
porque ahora ya no bebo ni me drogo
y
—en ese instante— veo por mi cuenta—
que el seguir casado con vos un maldito día más me costará la cordura
digo
"bueno, nos vemos luego"
después beso tus perfectos labios de despedida

10-11-83

Yesterday
suddenly newly fired
again
and optionless
I
dragged my
humbled ass
back to the black bedroom of my mother's old house

Forty-one years old
checkbook balance in the high two digits
dozens of failed jobs
and a box filled with the photographs of kids and ex-wives
and
not a clue as to what to do

now

I unpacked
my newest unpublished novel
my two—or is it the three by now—unproduced plays
my
hundreds of poems and my Ray Carver short stories
and my
dirty laundry

10-11-83

Ayer
despedido repentinamente
de nuevo
y
sin opciones
arrastré mi
humillado culo
para volver al negro dormitorio de la vieja y fría casa de mi mamá

Cuarenta y un años de edad
y el saldo de un cheque de dos dígitos arriba
docenas de trabajos fallidos
y una caja llena de fotografías de chicos y ex esposas
y
sin una sola idea sobre qué hacer

ahora

desempaqué
mi más reciente novela inédita
mis dos —o es la tercera por ahora— obras no producidas
mis
cientos de poemas y mis cuentos de Ray Carver
y mi
ropa sucia

Passing Mom in the hall her eyes looked away
maybe ashamed—certainly annoyed
at
a washed-up son who once was regarded by some
As having
potential

Then, with nothin' to do
I made a mug of coffee, found my cigarettes,
and took the long walk to the cliff above the ocean
and

there
cold on a rock
connected to the moment
looked out
just in time
to witness the presence
of
another perfect Malibu sunset

Mamá pasó por el hall, sus ojos miraron hacia otro lado
tal vez avergonzada —ciertamente molesta
de
un hijo fracasado que alguna vez fue considerado por alguien
como si tuviera
potencial

Después, sin nada que hacer
preparé una taza de café, busqué mis cigarrillos,
y tomé el largo camino hacia el acantilado por encima del océano
y

ahí
en una fría roca
conectado con el momento
mirando
justo a tiempo
para atestiguar la presencia
de
otra perfecta caída de sol de Malibú

■

When my shift is almost done at four-thirty a.m.
after 75 to 100 asses have pounded
the back seat of the cab
and 12 hours
behind the wheel's gone by—my sweating back glued to the summer
vinyl
and
me
not ever talking a break
and pissing in a cardboard milk carton under the front seat
smokin' sixty Luckie Filters one after the other
Jimmy Reed and Tom Waits and John Lee Hooker on the boom box
("all night long—oh baby—all night long")
I
glide into the Central Park Drive
and head
north—uptown
windows open
shirt pocket stuffed with the night's wadded profits

free
letting my mind go—now traveling to wherever fancy has found me

impersonating
real
peace

■

Cuando mi turno está casi por terminar a las cuatro y media de la mañana
después de que 75 o 100 tarados hayan golpeado
el asiento trasero de la cabina
y 12 horas
se fueran detrás de las ruedas por —mi transpiración de espalda
    pegada al vinilo
de verano
y
yo
sin tomar un descanso
y meando en un cartón de leche debajo del asiento delantero
fumando sesenta Luckies con filtro uno detrás de otro
Jimmy Reed y Tom Waits y John Lee Hokker en el equipo de sonido
("all night long—oh baby—all night long")
volé hacia el *Central Park Drive*
y me dirigí
al norte —hacia la parte alta de la ciudad
las ventanas abiertas
y el bolsillo de la camisa relleno con el fajo de las ganancias de la noche

libre
dejando que mi mente se vaya —ahora viajando hacia cualquier lugar
    donde la fantasía me encuentre

aparentando
verdadera
paz

(60)

■

At night
when we hump
sometimes when I can´t concentrate and start losing interest
I go back twenty-five summers
in my mind and think of
Stinky
who
was nineteen when we met at night school
and loved my ratty shoes and clumsy cab driver poetry
and had never been in the sack with a white boy
and had the most faultless and soft back skin and the smallest waist
and her pops owned a gas station upstate
and she´d come to me on the New York Central
and spend the weekends in my room on 51 st Street
sippin´ Mad Dog 20-20 all night
with the bathroom in the hall—and zombie junkies
                                    | every-fuckin´-where
my radio whispering WABC love myths hour by hour
and the most divine unquenchable nonstop heat for each other

So
on these nights—when I begin to lose interest and the magic
                                    | with you
feels gone
Stinky is my secret weapon
remembering her—the way she celebrated sucking my dick
deeply
that smile that always said fuck me more

■

Por la noche
cuando estamos
algunas veces, cuando no me puedo concentrar y empiezo a perder
   el interés,
vuelvo veinticinco veranos atrás
en mi mente y pienso en
Stinky
quien
tenía diecinueve años cuando nos conocimos en la escuela nocturna
y amó mis zapatos rotos y la desastrosa poesía de un taxista
y nunca había estado en la cama con un chico blanco
y tenía la piel de la espalda más impecable y suave y la más pequeña cintura
y sus padres eran dueños de una estación de gas al norte del estado
y que se había acercado hasta mí en el New York Central
a pasar los fines de semana en mi habitación de la calle 51
bebiendo *Mad Dog 20-20*[1] toda la noche
con el cuarto de baño en el pasillo —y zombies adictos en cada-puto-lugar
y mi radio *WABC*[2] balbuceando mitos de amor hora tras hora
y el más divino e inapagable incesante calor del uno para el otro

Así
en esas noches —cuando empiezo a perder el interés y la magia por vos
los sentimientos se acaban
Stinky es mi arma secreta
recordándola —la forma en que celebraba lamer mi pija
profundamente
esa sonrisa que siempre decía dame más

I
think reopen that perfection
and quietly—as we do it—thank her
for helping me through this tired third marriage

yo
recuerdo esa perfección
y en voz baja —mientras nosotros lo hacemos— le agradezco a ella
por ayudarme a atravesar este tercer matrimonio gastado

1 Son vinos fortificados de bajo costo que típicamente tienen un contenido de entre 13 % y 20 % de alcohol.
2 WABC es una estación de radio de difusión en la Ciudad de Nueva York.

■

Yvonne was gone—I was cleaned out
all our accumulated dual property shit— (bank account, stereo, electric
typewriter, TV, microwave an vacuum cleaner) gone too—with her
And after a couple of days on pink rose from Gristede´s Market and no
food and half a carton of cigarettes
Old Harvey from two-bedroom facing front downstairs knocks on my
door, comes in, flops on my couch, pours a glass of my wine for himself,
and begins talking
Not really a conversation because I wasn´t saying much—just Harvey who
had a need to drink free wine and tell me this story to cheer me up
So, he says: my friend Don once found a broken pigeon—it flopped on
the kitchen window sill of his farm in South Jersey
the bird had a broken wing
so Don used ice-cream stick an tape to splint the wing and nurse the
bird back to health—
          Then—one day—weeks later—the weather is hot and Don´s kitchen
window is open—he turns back the ungrateful pigeon flaps away
into the blue backyard sky never to return
I´m making it short here but Harv took more time and several gasses of
wine to describe to me fully Don´s loss—and the ridiculous expectations
we all get and the ebb and flow of things in life and unrequited love´n shit—
It was a good story and well-told and I paid attention to everything Harvey
said because I knew there was a hook in there for me
But when the bottle was gone he stopped
"So, Jesus Christ, what happened?" I said, "in the end?" I mean, thaz a
heartbreaker—Don musta felt like hell, right?"

Yvonne se había ido —yo había limpiado
toda nuestra doble mierda acumulada — (cuenta bancaria, estéreo,
máquina de escribir, TV, microondas y aspiradora) también se fue — con ella
Y después de varios días de vino rosado del *Gristede's Market* y sin
comida y con medio cartón de cigarrillos
El viejo Harvey de la segunda habitación de enfrente de la planta baja golpea
mi puerta, entra, se deja caer en mi sillón, se sirve una copa de mi vino
y comienza hablar
No era realmente una conversación, porque yo no estaba diciendo
mucho —sólo Harvey que tenía la necesidad de tomar vino gratis
y contarme esta historia para animarme
Entonces, dijo: mi amigo Don una vez encontró una paloma lastimada
—se había caído en la ventana de la cocina de su granja en South Jersey
el pájaro tenía un ala rota
así que Don usó un palito de helado y cinta para entablillar el ala
y cuidar el ave hasta que volviera a estar sana
          Después — un día — semanas más tarde — el clima era caluroso
y la ventana de la cocina de Don estaba abierta — él se dio vuelta y la paloma
desagradecida se alejó volando por el cielo azul del jardín para no volver jamás
Lo estoy haciendo breve acá pero Harv se tomó más tiempo y varias copas de vino
para describirme exactamente la pérdida de Don — y las ridículas expectativas
que todos nos hacemos y las idas y vueltas de la vida y la mierda del amor
no correspondido —
Era una buena historia y bien contada y presté atención a todo lo que Harvey
dijo porque sabía que ahí había un gancho para mí
Pero cuando la botella se vació, él se detuvo
"Entonces, Jesucristo, ¿qué pasó?" dije, "¿al final? Quiero decir, es una historia
desgarradora — Don debió sentirse como el infierno, no?"

"Nah," says Harvey, "Don had a ten-gauge in his porch closet —one day
he sees the fucking pigeon perched on a fence near his chickens—and
blasts its ungrateful ass alla way to Asbury Park—

Then Harv says, "hey," his eyes on the empty bottle, "I got money—let's
buy some more wine"

So we did

———

"Nah", dijo Harvey, "Don tenía un calibre diez en el armario de su porche
— un día él ve a la puta paloma posada en un cerco, cerca de sus pollos —
y hace volar su desagradecido culo por todo Asbury Park —

Después Harvey dice "ey", sus ojos fijos en la botella vacía, "tengo plata
— vamos a comprar un poco más de vino"

Así que lo hicimos

■

Seeing you
for the first time
my head spun like a white plate
and
stopped

smashing up against your illegal beauty

You
twenty-two
auditioning
standing there reading pages of my new play
saying "okay," to the director, "I'll do it that way"
and me sitting—stumped—stupid as a pencil
knowing only that I had to chew your dress off with teeth
and lick you everywhere
and close my checking account
and leave my girlfriend
and loose ten pounds
and marry you on a weekend ride to Rose Rita Beach

dumbstruck and drooling
completely in love

way before you walked over and said "hi, my name's Anna"

———

■

Mirándote
por primera vez
mi cabeza giró como un plato blanco
y
se detuvo

destrozándose contra tu ilegal belleza

Tus
veintidós años
en audición
parada ahí leyendo páginas de mi nueva obra
diciendo "Okay" al director, "voy a hacerlo de esta forma"
y yo sentado —perplejo— estúpido como un pincel
sabiendo sólo que tenía que morder tu vestido y sacarlo con mis dientes
y lamerte por todas partes
y cerrar mi cuenta corriente
y dejar a mi novia
y perder diez kilos
y casarme con vos en un paseo de fin de semana hacia Rose Rita Beach

estupefacto y babeando
completamente enamorado

mucho antes de que te acercaras y dijeras "hola, mi nombre es Anna"

■

After a while you just get tired
of explaining things

people see you for what are or they don't

why try to describe the fog on Venice Beach
or having a passion for the perfection of the 1957 Chevy
—who gives a shit—
either you are into fog and Chevys or you are not

For me the magic comes from privilege of living itself
the undeserved gift
and being present right now
going head-first against the bricks
or simply sitting in a chair and marveling at the cause of
breathing in and breathing out

It is all improvising—theater—a complimentary ticket—
unpredictable
horrible
ridiculous
senseless
brutal
precious
and
inspiring

an adventure

I know that I may not be much—but I am all that I think about

Después de un tiempo simplemente te cansás
de explicar las cosas

Las personas te ven por lo que sos o lo que ellos no son

por qué tratar de describir la niebla en Venice Beach
o tener pasión por la perfección de un Chevy de 1957
—a quién carajo le importa—
si estás o no en los Chevys y la niebla

Para mí la magia viene del privilegio de vivir en sí mismo
el inmerecido regalo
y existir en el presente, ahora mismo,
yendo de cabeza contra los ladrillos
o simplemente estar sentado en una silla y maravillarse por el obsequio
de inhalar y exhalar

Todo es un improvisado —teatro— un boleto gratuito—
impredecible
horrible
ridículo
absurdo
brutal
precioso
e
inspirador

una aventura

Sé que no puedo ser mucho —pero soy todo lo que pienso

■

As a kid I wanted to care about something
other than The Dodgers
fall in love with a red-haired cheerleader
get taller
join the union
switch from carburetors to fuel injection
and spend my Julys in Hawaii on vacation

then I started reading books
and getting drunk and going to jail

and landed in New York City
broke
on a dare
and wound up driving a cab for seven years
watching the junkies in the doorways in East Harlem
and the blue-eyed butchers coming back from Nam
kids
like me
from Indiana and Montana
with the faces of the blown-apart and the gunned down
dismembered yearbook center folds
glowing from their pink Proctor & Gamble cheeks

and
eventually
I understood

■

Cuando era chico quería preocuparme por algo
más que Los Dodgers[1]
enamorarme de una porrista pelirroja
ser más alto
ingresar a la Unión
cambiar desde carburadores hasta la inyección de combustible
y pasar los meses de julio en Hawaii de vacaciones

Después empecé a leer libros
y a emborracharme y terminé en prisión

Y cuando aterricé en la ciudad de Nueva York
quebrado
por una apuesta
terminé manejando un taxi por siete años
viendo a los adictos en las puertas del East Harlem
y a los carniceros de ojos azules volviendo de Vietnam
chicos
como yo
de Indiana y Montana
con las caras de los descuartizados y abatidos a tiros
desmembradas páginas de anuario
brillando desde sus rosadas mejillas *Proctor & Gamble*[2]

y
eventualmente
comprendí

trust nothing

all government sucks
all religion sucks

real heroes
sleep alone listening only to the beat of their own wild heart

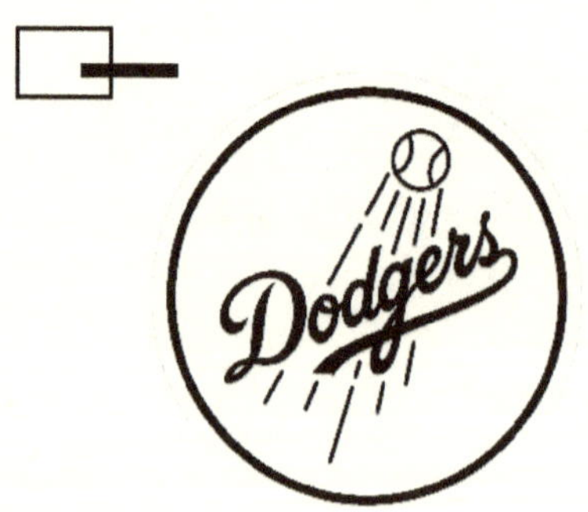

que no se puede confiar en nada

todo gobierno es una mierda
toda religión es una mierda

los verdaderos héroes
duermen solos escuchando únicamente el pulso de sus propios
    corazones salvajes

---

1 Los Ángeles Dodgers es un equipo de las Grandes Ligas de Béisbol de los Estados Unidos.
2 Empresa americana multinacional de bienes de consumo (artículos de limpieza, productos de cuidado personal, etcétera).

■

We´re friends
we talk on the phone a couple of times a week
about women and his crack addict brother
I see him at AA meetings
and he comes around sometimes
and sits at my kitchen table and drinks my coffee
and regularly makes me aware of how bad me smoking cigars is for me
and gets up and opens my fucking windows without any—permission
                                        whatever
and
one day starts asking about my writing
            about my novels and about
            this play or that play
and
            how many rewrites did it take to finish my first book
            and how many publishers did I sent it to
            and how much do they pay
and
one
day
he hands me a story—it is fifty pages—single spaced
and he wants me to read it and tell him what I think
because he´s always wanted to be a writer
so I read it and tell him—I say—Don, one-to-ten it´s a six
but keep going—keep at it
Hustler Magazine wasn´t built in a day
and

■

Somos amigos
hablamos por teléfono un par de veces a la semana
acerca de mujeres y de su hermano adicto al crack
lo veo en las reuniones de Alcohólicos Anónimos
y él viene por acá a veces
y se sienta a mi mesa en la cocina y toma mi café
y regularmente me hace tomar conciencia de lo malo que es fumar
    cigarros para mí
y se levanta y abre mis putas ventanas sin —permiso
                                                    como sea

y
un día comienza a preguntar por mi escritura
            acerca de mis novelas
            esta o aquella obra
y
            cuántas reescrituras me llevó terminar mi primer libro
            y a cuántos editores se lo mandé
            y cuánto pagaban
y
un
día
me entrega una historia —de cincuenta páginas— con interlineado simple
y quiere que la lea y le diga lo que pienso
porque él siempre quiso ser escritor
así que la leí y le comenté —dije— Don, del uno al diez es un seis
pero sigue adelante —sigue con esto
Hustler Magazine no se construyó en un día
y

Don goes home and calls me an hour later
in this rage
to tell me what an unfeeling prick I am
and
after we hang up I look across the room at my fat tabby cat Daisy
who is one hundred percent devoted to me
as long as I pet her when she demands it and feed her
exactly on time
and
I thank Jesus Christ
that how I feel about myself comes from me—a clear center—
from a fire I've lit by myself—through my own pain

Don vuelve a la casa y me llama una hora más tarde
con rabia
para decirme la mierda insensible que era
y
después de colgar el teléfono eché un vistazo a mi atigrada y gorda
    gata Daisy
que se dedica un cien por ciento a mí
mientras la acaricio y le doy de comer
exactamente a tiempo cuando a ella se le ocurre
y
doy gracias a Jesucristo
porque lo que siento sale de mí —un centro claro—
desde un fuego encendido por mí mismo —a través de mi propio dolor

When, at the age of forty-five
I started writing seriously
I'd been off booze for three years
and could finally sit in a room alone without attempting suicide

I gave myself a goal—one page a day
I would come home to my mom's house from the noon AA meeting
and write my one page

good bad or indifferent

that's how it started
one page a day
all I had to my name was my rage
and my father's temperamental old Smith-Corona portable

nothing else—nothing to lose
no apartment
no prospects for work
a piece-a-shit used car firing on seven cylinders
fifty bucks a week from Mom as a handout
and
my imagination
and
one desire—to be a good writer

now—eleven years later—no one can shut me up

■

Cuando, a la edad de cuarenta y cinco años,
empecé a escribir seriamente,
había estado tres años sin beber alcohol
y finalmente podía sentarme solo en un cuarto sin un intento
    de suicidio

me puse un objetivo —una página al día
llegaba a la casa de mi mamá de la reunión del mediodía de
    Alcohólicos Anónimos
y escribía mi página diaria

buena, mala o indiferente

así es cómo empecé
una página al día
todo lo que tenía a mi nombre era mi rabia
y la vieja y temperamental *Smith-Corona* portátil[1] de mi padre

nada más —nada que perder
sin apartamento
sin perspectivas de trabajo
un pedazo de mierda de coche usado de siete cilindros
cincuenta dólares a la semana como limosna de mi mamá
y
mi imaginación
y
un deseo —de ser un buen escritor

ahora —once años después— nadie puede callarme

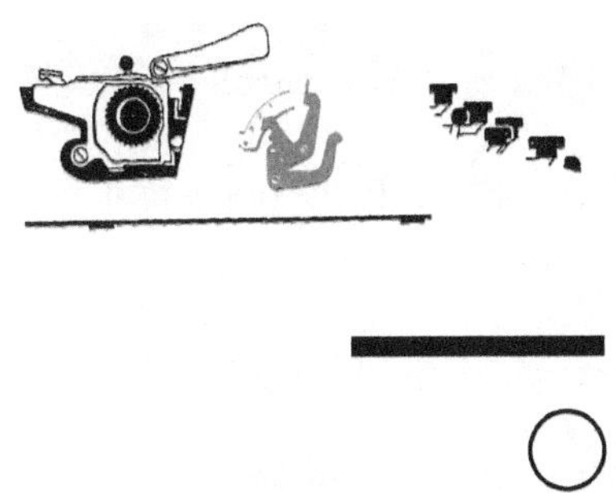

1 Máquina de escribir Smith-Corona Portable.

■

My problem is
what I think

in my unmedicated mind

sometimes in bed in the morning even before my eyes open
they are there
the death squad
with
a
full hit list of my failures and my enemies and what I need to do to get
even
and who to call what I´ll say to the pricks to show them they can´t fuck
with me

It just starts and proceeds—out of control—on automatic—by itself

Five minutes after I wake up—my life has spiraled permanently down the
shitter

And I am fed
whole and raw
to
the rancid wet crotch
of
another
day

———

Mi problema es
lo que pienso

en mi mente no medicada

a veces muy temprano en la cama incluso antes de que mis ojos se abran
ellos están ahí
el escuadrón de la muerte
con
una
lista completa de mis fracasos y enemigos y lo que necesito hacer
incluso
a quién llamar y qué les voy a decir a los pelotudos para demostrarles
    que no pueden joder
conmigo

Simplemente comienza y sigue —fuera de control —automáticamente—
    por sí mismo

Cinco minutos después me despierto —mi vida hizo una espiral
    permanente bajo la mierda

Y estoy harto
por completo y herido
de
la rancia entrepierna meada
de
otro
día

BEVERLY HILLS

I found a teak-paneled bookstore
and under "F's"
I located *Collected Letters of John Fante*
(for some reason)
next to Bukowski

six crackling new copies

the cost of the book was over thirty bucks

"I guess you've arrived Pop" I heard myself say out loud
knowing
full well
the real price
for a true mad artist
is nowhere near
that cheap

BEVERLY HILLS

Encontré una librería con paneles de madera
y bajo la letra "F"
localicé las *Cartas Selectas de John Fante*
(por alguna razón)
al lado de Bukowski

seis crujientes nuevas copias

el costo del libro era de más de treinta dólares

"Supongo que triunfaste, Papá" me oí decir en voz alta
sabiendo
muy bien
que el precio real
de un verdadero y rabioso artista
no está ni cerca
de ser tan barato

6-11-93
L.A

The long palms work their way
down Bundy Drive
swaying in the warm night wind
a chorus line of skinny hookers
nodding willfully
at the oncoming traffic
blowing kisses at Santa Monica Boulevard

Their cacked heels, unwashed arms,
and the heavy odor of the street
now hold no promises, no pleasures,
L.A´s innocence is gone forever

I saw it once though
caught a glimpse
even said hi
waving out the back window of my parents´ Plymouth
but
was much too much in a hurry
to stop
and say good-bye

6-11-93
L.A.

Las altas palmeras trazan su camino
bajo Bundy Drive
balanceándose en el viento cálido de la noche
un coro de prostitutas flacas
saludan intencionalmente
en sentido contrario al tráfico
lanzando besos en el Bulevar de Santa Mónica

Sus tacos partidos, sus brazos sucios,
y el fuerte olor de la calle
no hay ninguna promesa ahora, no hay placeres,
la inocencia de L.A. se fue para siempre

Vi esto una vez aunque
de pasada
incluso dije hola
saludando por la ventana trasera del *Plymouth*[1] de mis padres
pero
íbamos demasiado rápido
como para parar
y decir adiós

6-18-93

A crazy Thursday night
driving the Malibu coastline for miles

heading north

a coffee mug between my legs
hugging the shore—sipping and smoking
escaping
wishing impossibly that I could somehow be a better writer
or less hopelessly bat-shit insane
choking to death on aloneness
on the thousands and thousands of words that have come from my
fingers onto the page—syllables with the smell of decomposing fish heads
and not
a-one worth saving

Stopping at dawn above the rocks
I got out of my old Pontiac
and watched the waxed waves come swarming in
unavoidable perfection reeking in
gushing in around me
drowning me

giving hope for everything—even a fuck like me

and—standing there—stupid
a fool with his dick in his hand
I knew once again
that all I had to do
was
shut up
and let it all happen

6-18-93

Un alocado jueves por la noche
conduciendo varios kilómetros por la costa de Malibú
                                        hacia el norte
con una taza de café entre mis piernas
abrazando la orilla —bebiendo y fumando
escapando
deseando imposiblemente que de alguna forma pueda ser mejor escritor
o al menos un desesperanzado loco de mierda
asfixiando a la muerte en soledad
en las miles y miles de palabras que salieron de mis
dedos sobre la página —sílabas con el olor de la descomposición
    de cabezas de pescado
y sin
un mérito que salvar

Paré al amanecer sobre las rocas
salí de mi viejo *Pontiac*
y miré las enceradas olas llegar como un enjambre
apestaban a inevitable perfección
brotaban a mi alrededor
ahogándome

dando esperanza por todo —incluso a una mierda como yo

y —ahí parado— estúpido
un tonto con su mano en el pito
una vez más supe
que todo lo que tenía que hacer
era
callarme
y dejar que todo esto pasara

6-22-93
WE´RE REALLY WRACKED HERE

I tried affirmations
woke up early
hit my knees every day
willing to change, to do anything
begging to god or a chair or whatever else was out there
repeating over and over
words to shut up or shut out
the mad blackness eating away in my brain

It
didn´t work
nothing stopped the bleeding

I did weekly drug treatment
and Rolfing, Rebirthing, Reichian Therapy
(that´s just the R´s)
overdosed
underdosed
and chanted until Yankee Doodle music came out my asshole

result: insanity 1, me zip

the last thing available
after more and more unendurable unending pain
at the last house on the last block
was
sur-fuckin´-render

that worked
___

6-22-93
REALMENTE ESTAMOS ATORMENTADOS ACÁ

Intenté ser optimista
desperté temprano
golpeé mis rodillas todos los días
dispuesto a cambiar, para hacer cualquier cosa
rogando a dios o a una silla o a cualquier otra cosa que estuviera por ahí
repitiendo una y otra vez
palabras para callar o expulsar
la negra locura que devora mi cerebro

Eso
no funcionó
nada detuvo el sangrado

Hice tratamiento semanal de drogas
y Rolfing, Rebirthing, y Terapia Reichiana[1]
(estas son sólo las R)
sobredosis
baja dosis
hasta que la música de Yankee Doodle salió de mi culo

resultado: locura 1, yo 0

la última cosa posible
después de más y más interminable sufrimiento
en la última casa de la última cuadra
era
rendirse

eso funcionó

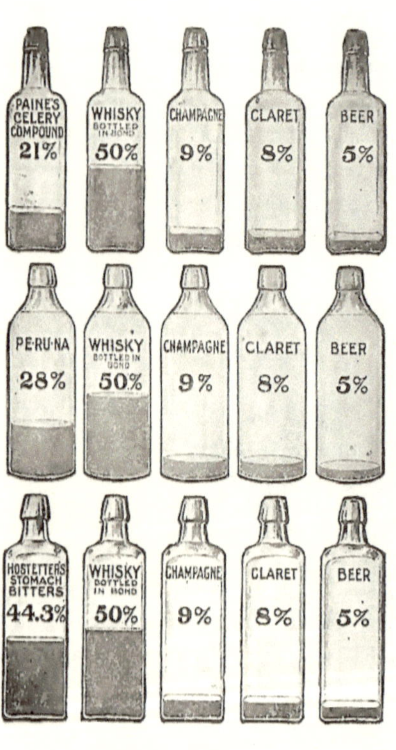

PAINE'S CELERY COMPOUND
21%
WHISKY BOTTLED IN BOND
50%
CHAMPAGNE
9%
CLARET
8%
BEER
5%
PE-RU-NA
28%
WHISKY BOTTLED IN BOND
50%
CHAMPAGNE
9%
CLARET
8%
BEER
5%
HOSTETTER'S STOMACH BITTERS
44.3%
WHISKY BOTTLED IN BOND
50%
CHAMPAGNE
9%
CLARET
8%
BEER
5%

---

1 Tratamientos médicos alternativos.

7-1-93

For a long time I existed
in the darkness
preferring it

not needing to talk much or wanting friends
was easy

every sundown I'd come in and sign out, pick up my cab,
then follow the night
to get free
unplugged

year after year
rescued in a spacecraft drifting
through neighborhoods without faces and names

peace held me

so I could learn to feel myself separate from pain or need or judgment
and let the sweet wet streets lick my mind clean
like a lover

No great works were penned on those thousands of New York nights
no fortunes made, lost
but
best of all
alone
I got saved
rescued

from an endless night of pain

7-1-93

Por mucho tiempo existí
en la oscuridad
prefiriéndola

sin la necesidad de hablar mucho o desear amigos
fue fácil

cada atardecer llegaba y firmaba la salida, recogía mi taxi,
después seguía a la noche
para sentirme libre
desconectado

año tras año
a salvo en una nave espacial vagando
a través de barrios sin rostros ni nombres

la paz me sostuvo

así que pude aprender a sentirme separado del dolor y la necesidad y el juicio
y dejar que las mojadas y dulces calles chuparan mi mente limpia
como una amante

En esas miles de noches en Nueva York no fueron escritas grandes obras
ni se ganaron o perdieron fortunas
pero
mejor que nada
en soledad
conseguí ser salvado
rescatado

de una noche de dolor interminable

7-17-93

I discovered Van Gogh
about the time I gave up baseball
in Santa Monica
at a cheap picture-framing shop
with my old man
in back
flipping a stack of prints
while Pop argued over returning a chipped piece of glass

the pain in the paintings hit me like flames
jumped out
a mad man´s hundred-year-old vivid fury
blasting me between the eyes
scalding my senses
and changing my life
like a first kiss

And today
driving
forty years later
I saw "Irises" again
in a window at a stop signal on Wilshire Boulevard

the light changed and behind me some dickhead began honking
|like a
fucking maniac
while I sat there wiping tears from my face
for the pure passion
in the vision of
Vincent´s eyes

7-17-93

Descubrí a Van Gogh
en la época que dejé el béisbol
en Santa Mónica
en una tienda barata de marcos
con mi padre
detrás
dando vuelta un montón de imágenes
mientras papá discutía para devolver una pieza rota de vidrio

El dolor en esas pinturas me golpeó como llamas
saltó
un enojadísimo hombre de 100 años de intensa furia
atacándome por medio de los ojos
hirviendo mis sentidos
y cambiando mi vida
como un primer beso

Y hoy
conduciendo
cuarenta años después
vi los "Lirios" de nuevo
en una ventana desde una señal de "pare" en *Wilshire Boulevard*

la luz cambió y detrás de mí un pelotudo empezó a tocar la bocina
como un maldito maníaco
mientras sentado me limpiaba las lágrimas
por la pura pasión
en la revelación de
los ojos de Vincent

7-22-93

My old man´s worst craziest most unreasoned passion
was secondhand automobiles
he was known by every used car dealer on Santa Monica Boulevard
as a
grape
a mooch
and sucker

for years half a dozen ill-gotten rusted junkers lingered abandoned
behind
his house
betraying him
banished from our family to the tall weeds
like so many derelict world War II tanks poisoning the North
African desert

Some of these preowned junk heaps would take no longer than
a week
or two to fail completely
ex-police cars, resprayed taxis
once he proudly pulled up our driveway with a coughing shitbox
20-year- old Ford then realized an hour later it didn´t have windshield
wipers or a radio

it was his curse
cars failed my father like faithless women

but he never gave up believing

7-22-93

La pasión más irracional y loca de mi padre
eran los coches de segunda mano
era conocido por todos los concesionarios de automóviles usados
    del Bulevar de Santa Mónica como
un borracho
garronero
idiota

durante años media docena de malnacidos cacharros oxidados
    permanecieron abandonados detrás de
su casa
delatándolo
apartados de nuestra familia en las alturas de la maleza
como muchos de los abandonados tanques de la Segunda Guerra
    Mundial que envenenan el desierto del Norte de África

Algunos de estos montones de basura de segunda mano no tardaron
    más de una semana
o dos en descomponerse por completo
coches de ex-policías, taxis repintados
una vez se detuvo orgullosamente en nuestro camino de entrada con
un ruidoso Ford de 20 años de antigüedad, luego se dio cuenta una
hora más tarde de que no tenía limpiaparabrisas ni radio

esta fue su maldición
los coches le fallaron a mi padre como mujeres infieles

pero él nunca dejó de creer

and he always paid cash
and he always paid full price
for everything

y siempre pagó en efectivo
y siempre pagó el precio completo
por todo

■

Remember that Victorian Hotel
in Santa Barbara
the bedroom with the hundredyearold burl armoire
the overstuffed chair
and the sign that said "Beware the cat"

Having breakfast on the patio in the morning
guarded by too many sweating plants and trees
talking about our commitment to writing
art work's sake
and you said, "Love wears well on you,"
and I said, "I'll lick you everywhere if you let me."

We paid up
and drove the slow way by the sea back toward L.A.

I still hated my poetry
but my tongue stayed coiled—patient and waiting
like a python
for the taste of you

◼

Recuerdo ese Hotel Victoriano
en Santa Bárbara
el dormitorio con el armario de madera de cien años de antigüedad
el sillón mullido
y el cartel que decía "Cuidado con el gato"

Tomando el desayuno en el patio por la mañana
protegido por demasiadas plantas y árboles húmedos
hablando de nuestro compromiso con la escritura
el trabajo en beneficio del arte
y dijiste, "El amor queda bien en vos",
y yo dije, "Si me lo permitís, voy a lamerte por todas partes".

Pagamos
y tomamos el lento camino por el mar de regreso a Los Ángeles

Todavía odiaba mi poesía
pero mi lengua quedó enroscada —paciente y esperando
como una pitón
por tu sabor

8-21-93

I didn´t study
(I was a backrow wise-ass Catholic school punk from jump street)
I hated all textbooks
with their tiny stupid words
packed togheter
pinching my eyes

Dirty little lower case b´s and d´s
and 6´s and 9´s and mn´s and nm´s and zy´s izski´s tortured me
driving me to failure

pages and pages of the fuckers

They dodged and squiggled and changed shapes
until I´d have to close one eye like a drunk
and trace line after line with my finger
letting globs of words ping ping ping away at my mind paragraphs
at a time
until I realized
I had retained
exactly
zip

It´s been 20 years since I´ve attempted reading any kind of
text book
or assembly instructions
or a warranty or a publishing contract

8-21-93

Yo no estudié
(era un arrogante de la última fila de la escuela católica, un idiota
    que recién empezaba)
odiaba todos los libros de texto
con sus pequeñas estúpidas palabras
empaquetadas juntas
pinchando mis ojos

pequeñas, sucias y bajas b y d
y 6 y 9 y mn y nm y zy e izki me torturaron[1]
llevándome al fracaso

páginas y páginas de hijos de puta

Ellos evadieron y garabatearon y cambiaron formas
hasta que tuve que cerrar un ojo como un borracho
y trazar línea tras línea con el dedo
dejando pegotes de palabras ping ping ping lejos de mis párrafos
    mentales al mismo tiempo
hasta que
me di cuenta
de que había retenido
exactamente
nada

Pasaron 20 años desde que intenté leer cualquier tipo de
libro de texto
o instrucciones de ensamblaje
o una garantía o un contrato de edición

But
hey
when it comes to writing
the stuff where you say what's in your guts and in your heart
godamnit
I'll raise
my hand
every time

Pero
escuchá
cuando se trate de escribir
las cosas que están en tu corazón y tus entrañas
maldición
voy a levantar
mi mano
siempre

---

1 MN meganewton, NM newtonmetro, etcétera.

8-25-93

They know
the other 13 million grinding panicked type "A" L.A. minds
outside
in
the commuter freeway heat
with bumper to bumper needs needing fixing

RIGHT NOW

that life ain´t fair

I mean who doesn´t know that
a passing lane is always the answer
right?
finding that one single-minded goal that excludes all else
and provides the distinction between boredom
insanity
and
depreciation

first things first—I mean where´s the fucking off ramp!!!

the confusion, of course, is in roadway selection

(III)

8-25-93

Ellos conocen
las otras 13 millones de mentes agotadas de pánico tipo "A" de
    Los Ángeles
afuera
en
la cercanía del calor de la autopista
con paragolpes sobre paragolpes que necesitan arreglos

AHORA MISMO

la vida no es justa

Quiero decir, ¿quién no sabe que
un carril de paso[1] es siempre la respuesta
correcta?
Descubrir que un objetivo firme excluye todo lo demás
y proporciona la distinción entre el aburrimiento
la locura
y
la depreciación

lo primero es lo primero —quiero decir ¡¡¡dónde está la puta rampa
    de salida!!!

la confusión, por supuesto, está en la elección de la carretera

HISTORIC
CALIFORNIA
US
66
SANTA MONICA PIER
THE END OF THE TRAIL

1 Carril o «línea de paso», de adelantamiento en una autopista o carretera.

■

When I was done
Screaming and snorting about who´s in charge
and
about how being THE writer of THIS play gave ME a particularly
singular insight and
that none of the emotionally-arrested ego-steeped actor in Act 2
could possibly fathom
in their teeny-tiny TV-commercial tits-and-ass audition-addled
childlike sunflower-seed-sized brains
the
extent of the emotions I had intended to be depicted
I
stabbed my finger in the air just to make sure that they knew
without question
that
I
have final say-so
anyway

(I mean you really gotta get this—they didn´t understand!)

The leading lady put down her cigarette and her plastic coffee cup
looked at me sweetly with ageless bluer than blue
I´m the star of the show eyes
and
smiled

■

Cuando terminé
gritando y gruñendo acerca de quién era el responsable
y
acerca de cómo ser EL escritor de ESTA obra ME dio una singular
    y particular visión y
que ninguno de los actores emocionalmente-arrestados empapados-
    de-ego del Segundo Acto
posiblemente pudiera imaginar
en su desconcertada audición de pequeño-diminuto-comercial-de
    TV de tetas-y-culos
infantiles cerebros del tamaño-de-una-semilla-de-girasol
el
alcance de las emociones que me había propuesto representar
clavé mi dedo en el aire sólo para asegurarme que ellos supieran
sin lugar a dudas
que
la
última palabra sería la mía
de todas formas

(Quiero decir, quedáte con esto —¡ellos no comprendían!)

La actriz principal dejó su cigarrillo y su taza de plástico de café
me miró dulcemente con la eternidad más azulada que el azul
Soy la estrella de los ojos esta noche
y
sonrió

"There are 4.6 billion people on this planet"

she said

"and
at
any
given
moment
none of the motherfuckers is thinking
of
you"

“Hay 4,6 mil millones de personas en este planeta”

dijo ella

“y
en
cualquier
momento
dado
ninguno de estos hijos de puta está pensado
en vos”

■

Yeah—okay
so a kind of narcissistic madness is normal in Los Angeles
it is the way we think here
our
geographically skewed perception of ourselves
or
some-FUCKING-thing

You say "how are you" and my head says . . .WHAT DID HE
MEAN BY THAT
or
. . . HOW DID HE KNOW THAT I'M FREAKING OUT INSIDE

see

I'm aware that the way my emotions work is not normal—I know
that's why I drank and in my own sweet time purchased 800,000 pounds
of cocaine as an amusing distraction
and for years listened to this or that shrink tell me
where I'd overdone and overreacted
and isolated myself from sanity
I promise you I've discovered that all-important pivotal incident
(there were many)
in my childhood

so okay—
I understand

∎

Sí —está bien
así que una especie de locura narcisista es normal en Los Ángeles
es la manera en que pensamos acá
nuestra
percepción geográficamente distorsionada de nosotros mismos
o alguna-MIERDA-así

vos decís "¿cómo estás?" y mi cabeza dice . . . ¿QUÉ MIERDA
    QUISO DECIR CON ESO?
o
. . . ¿CÓMO SABE QUE ME ESTOY VOLVIENDO LOCO
    POR DENTRO?

mirá

Estoy consciente de que la forma en que trabajan mis emociones
    no es normal —lo sé
por esa razón bebía y en mi propio y dulce tiempo compré 360.000 kilos
de cocaína como una distracción divertida
y por años escuché a uno y otro psiquiatra decirme
cuando exageraba o sobreactuaba
y me aislaba a mí mismo de la cordura
te prometo que descubrí todos los importantes y cruciales incidentes
(había muchos)
de mi infancia

así que bueno—
entiendo

but still nothing changed

Let's be honest: every man has his own charter membership in the
condition
the obsession of self-absorption
so it follows that sanity is separated only by
the thoughts
in
each
head

pero todavía nada cambió

Seamos honestos: cada hombre tiene su propia carta de afiliación en la
    enfermedad
la obsesión de autoabsorción
se deduce así que la salud mental está separada solamente por
los pensamientos
en
cada
cabeza

9-12-93

The hurricane was on the way they said—
hundred and five mile an hour winds
rain

wild shit—guaranteed

a great wet giant slogging across the Pacific to the tip of the
sea of Cortez
about to spit cars and
uproot trees
and slap his red palms together
demanding attention like a bar bully pounding on the oak
demanding another drink
after last call

Everybody—
fishermen, tourist and residents
jammed the checkout lanes in the local market
like a casting call for frightened-looking customers

They boarded up our hotel while I sat at my typewriter sopping up instant
coffee and watching the sea wind do a twisted tango together

And said to myself—I guess I´m ready for anything

except this

———

9-12-93

El huracán estaba en el camino que dijeron—
ciento sesenta y nueve kilómetros por hora de vientos
con lluvia

mierda salvaje —garantizada

un gran gigante húmedo avanzando a través del Pacífico hasta la
    punta del
mar de Cortés
a punto de escupir autos
y arrancar árboles
y abofetear juntas sus palmas rojas
exigiendo atención como un matón de bar golpeando la madera
    de roble
exigiendo otra copa
después del último llamado

Todo el mundo—
pescadores, turistas y residentes
atascados en las cajas registradoras del mercado local
como un casting en busca de clientes con apariencia de aterrados

Ellos subieron hasta el hotel mientras yo sentado ante mi máquina
    de escribir transpiraba café instantáneo y miraba al viento y al
    mar trenzar un tango entre sí

Y me dije a mí mismo —creo que estoy listo para cualquier cosa

excepto esta

9-24-93

I watched with you
now fully domesticated
our bodies on the same clean sheets for hours . . . never touching
attention glued to the billion dots coagulating on the screen
celebrating the fluoride toothpaste genie, PMS, Ford Trucks, anti-itch
cream, instant allergy relief, and fat Jenny Craig's mind-blowingly facile
recovery from Oreo Cookies

—three pounds a week—guaranteed

and
I realized deeply—I truly mean this baby—I want you dead
I want you see you slashed open with a dull pocket knife
and watch a family of hyenas greedily gnawing out your colon
because see—thanks to you I'm now a fucking registered voter
my parking tickets all paid
my drug dealers are all dead or in jail
and I've accepted the imperative of ending world hunger
and comprehensive health care

while I wait for the 11:00 o'clock news

9-24-93

Totalmente domesticado
miré con vos
durante horas nuestros cuerpos en las mismas sábanas limpias . . .
    sin tocarnos
con la atención pegada al billón de puntos que coagulan en la pantalla
celebrando la genial pasta dental con fluoruro, SPM, Camiones Ford,
crema antipicazón, el alivio instantáneo de alergia, y la mente enferma
y superficial de la gorda Jenny Craig recuperada de las galletas Oreo

—un kilo y medio por semana— garantizado

y
me di cuenta profundamente —digo esto de verdad, bebé— de que
    te quiero muerta
quiero verte acuchillada y abierta con un cortaplumas
y ver a una familia de hienas golosamente mordisqueando tu colon
porque mirá —gracias a vos soy un puto votante registrado
mis tickets de estacionamiento todos pagos
mis traficantes de droga están muertos o presos
y acepté el imperativo de terminar con el hambre del mundo
y la atención integral de salud

mientras espero las noticias de las 11 de la mañana

10-3-93

John Fante visited me again this morning
made me feel his presence behind my writing chair
his warm breath

when I closed my eyes
I saw him
sitting at his writing table in Malibu
before his battered old typewriter
spitting out Tommy gun words and gulping coffee

and I smelled the sour stink of his Lucky Stritkes
crushed out
and piled high on his ashtray stacked on two Knut Hamsun novels

and a new but ancient pain jumped out from inside me

Oh, Pop, (I even said out loud)
you ain't dead
I know it
just this second—in back of my eyes—
I saw you walking past me into the kitchen for another cup of coffee
or matches
and
I started to call out,
Hey Dad, didja hear, the Dodgers won today
or
I got an A on that history test

10-3-93

John Fante me visitó de nuevo esta mañana
me hizo sentir su presencia detrás de la silla donde escribo
su cálido aliento

cuando cerré los ojos
lo vi
sentado en su escritorio en Malibú
detrás de su vieja y maltratada máquina de escribir
escupiendo palabras como una metralleta y tragando café

y olí el agrio hedor de sus Lucky Strikes
aplastados
y amontonados en su cenicero sobre dos novelas de
     Knut Hamsun

y un nuevo pero antiguo dolor saltó de mi interior

Oh, papá, (llegué a decir en voz alta)
vos no estás muerto
lo sé
por un segundo —detrás de mis ojos—
te vi caminando delante de mi en la cocina por otra taza de café
o fósforos
y empecé a gritar,
Escuchá, papá, te enteraste, Los Dodgers ganaron hoy
y
me saqué un 10 en la prueba de historia

Oh Christ,
you´re so here
right now
you can´t have gone away

Oh, Cristo,
estás tan cerca
ahora mismo
que no puede ser que te hayas ido

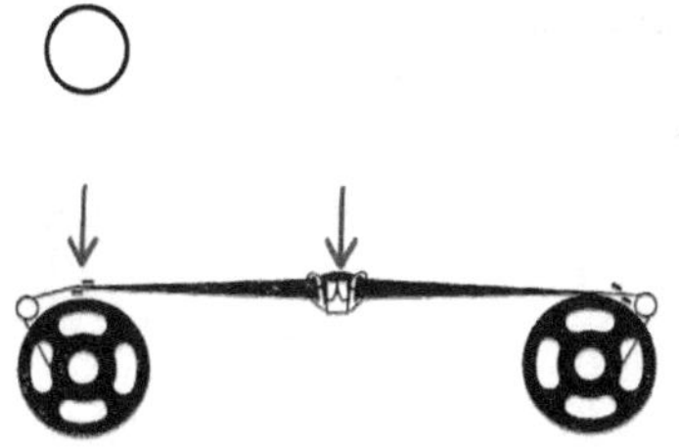

10-6-93

Across the street above the cliffs
I squeezed through the not-yet-electric-and-hooked-up
thick iron gates
to have a look

And there it was
in the cobblestoned courtyard driveway
still construction
blocking even moonlight
an immense three-layered marble fountain
still unoperational
twenty feet high with six (soon-to-be) water-gushing swans
looking inward
spewing rapture at a (taller than me) dickless gold fat-winged
baby cupid
balanced on one foot

Standing there looking up at him
in front of my mom´s new neighbor´s 5 million dollar
undecided
Renaissance Spanish Modern Italian outrage
overlooking Point Dume beach in Malibu

I thought
this is just what my old man moved from Hollywood forty years ago
to avoid

10-6-93

Al otro lado de la calle por encima de los acantilados
me metí a la fuerza por las todavía-no-eléctricas-y-conectadas
rejas gruesas de hierro
para echar un vistazo

Y ahí estaba
en el empedrado patio de entrada
todavía en construcción
bloqueando incluso la luz de la luna
una inmensa fuente de mármol de tres pisos
todavía sin funcionar
a unos seis metros de altura con seis (a punto de ser) cisnes lanzando agua
mirando hacia adentro
escupiendo éxtasis a un (más alto que yo) bebé cupido sin pito y
    con alas gordas doradas
que hacía equilibrio sobre un pie

Ahí parado mirándolo
enfrente del nuevo vecino de mi mamá de 5 millones de dólares
indecisa
indignación italiana del Renacimiento Moderno Español
con vista a Point Dume beach en Malibú

Pensé
esto es lo que mi padre quiso evitar hace cuarenta años al mudarse
    de Hollywood

So I climbed up and pissed in the dry pond
and when I was done I tucked my dick away
zipped up my fly
and blew a kiss to cupid
and yelled out for the benefit of John Fante´s ghost:

Fuck you and all the Warner Brothers

Así que me subí y oriné en el estanque seco
y escondí mi pija cuando terminé
subí el cierre de la bragueta
y le tiré un beso a cupido
y grité en favor del fantasma de John Fante:

Andáte a la mierda vos y la Warner Brothers entera

HOLLYWOOD HILLS

■

Nonthinking things don´t think
spiders and cats and Portuguese chimp
they react
and life is decided
errorlessly
in the perfection of unknowing simplicity

not needing to figure shit out has envious symmetry
the instinctive awareness that the real music coming from the
sound God
makes
in empty hallways
barefoot
won´t need explanation
or reassurance
or having to know where you can buy His latest CD
at a 20 % discount

Sin pensar las cosas no se piensan
arañas y gatos y chimpancés portugueses
reaccionan
y la vida se decide
erróneamente
en la perfección y sencillez de lo desconocido

sin necesidad de concebir su envidiosa simetría
la conciencia instintiva de que la verdadera música viene del sonido
    que Dios
hace
en los pasillos vacíos
descalzo
no necesita explicación
o reafirmación
o tener que saber dónde podés comprar Su último CD
con un 20 % de descuento

10-17-93

The goddamn rose bushes that came with rented house
and the marriage
and the big back yard on Bundy Drive
that I told myself I was just testing out
now take up my free time most Sundays

Having been a bipolar pupil of bar stool and drunks tanks
and Reichian Therapy
these past years
unprepared me for the gardener's life

I was not always conscious of my crimes but sure of my guilt

Now I've discovered that a watering can makes a terrible tool for
a suicide attempt

Fertilizer mixture and ample sun are my new concerns

I no longer need bail money
And I "act-as-if"
in old jeans and sweaty tee shirts
clipping this
transplanting that
and wondering how I got to be pruning flowers

unafraid and uncrazy most days

indifferent
as a geranium

10-17-93

El maldito arbusto de rosas que vino con la casa alquilada
y el matrimonio
y el enorme jardín de Bundy Drive
algo que sólo estaba probando —me decía a mí mismo
ahora me tomo el tiempo libre la mayoría de los domingos

Después de haber sido un alumno bipolar de banqueta de bar y
    de un depósito de borrachos y Terapia Reichiana
estos últimos años
no me habían preparado para la vida de jardinero

No siempre era consciente de mis crímenes pero sí seguro de mi culpa

Ahora descubrí que una regadera puede ser una herramienta
    terrible para un intento de suicidio

Mis nuevas preocupaciones son la mezcla de fertilizantes
  y mucho sol

Ya no necesito dinero para la fianza
y "actuar-como-si"
en viejos pantalones de jean y remeras transpiradas
recortando esto
transplantando aquello
y preguntándome cómo se podan las flores

sin locura y sin miedo la mayoría de los días

indiferente
como un geranio

10-24-93

Maybe we´d just better kiss and let go
and you go your way
and me
mine

Maybe this deal has become too complicated
and the back-and-forth feelings too hard to heal

flipping lit stick matches at lakes of gasoline

I know I´m frequently wrong but never in doubt

We should just cash in
back off
be normal
and say good-bye

watching the unmagnificence of one more explosion
is useless programming

the hell with this TV set

10-24-93

Tal vez lo mejor sería un beso y dejarlo ir
y que vos sigas tu camino
y yo
el mío

Tal vez este compromiso se hizo muy complicado
y las idas y vueltas de los sentimientos demasiado difíciles de cicatrizar

lanzando al aire fósforos encendidos en lagos de gasolina

Sé que estoy frecuentemente equivocado pero nunca con dudas

Deberíamos aprovechar
retroceder
ser normales
y decir adiós

mirando la *in*magnificencia de una última explosión
su inútil programación

al infierno con este *set* de TV

11-7-93

More often than not the barrel is dry
I sit there
a lunk—slurping coffee
correcting and recorrecting sentences
befuddled by my own odd childish syntaxe
missing the tone of the thing completely
discovering unhappily but honestly
that I was—no shit— better off driving a taxi

writing is pain for me—like rowing across mud
Phones ring
car alarms go off
dogs battle beneath my window
and after an hour´s strain
pitiable
I sit and hold my head and have no notion why
day after day
I´ve committed my heart to such as this

Then
about one day in ten
gun loaded—100 Secanol and water glass in front of me
the planets converge or some mishap occurs
and my stubby uncooperative fingers
for an instant—or half an hour
become mistakenly attached
to
the mind of whatever is eternal and magical

11-7-93

Más a menudo de lo que se seca un barril
me siento ahí
como un estúpido —sorbiendo café
corrigiendo y corrigiendo oraciones
desconcertado por mi propia y rara sintaxis infantil
perdiendo el tono de la cosa por completo
descubriendo infelizmente pero de forma honesta
que yo era —no es broma— mejor manejando un taxi

la escritura es dolor para mí —como remar a través del barro
llamadas de teléfono
alarmas de auto que explotan
combate de perros bajo mi ventana
y después de horas de esfuerzo
apenado
me siento y detengo mi cabeza y no tengo idea de por qué
día tras día
comprometí mi corazón en algo como esto

Entonces
aproximadamente un día de diez
la pistola cargada —Seconal 100 y un vaso de agua enfrente de mí
los planetas convergen o un accidente ocurre
y mis cortos y gruesos y no cooperativos dedos
por un instante —o media hora
se convierten y conectan erróneamente
al
espíritu de todo lo que es eterno y mágico

and
again
I feel the composition—the compulsion—of creation
and know
why
I keep on
with
this
madness

y
de nuevo
siento la composición —la compulsión— de la creación
y sé
por qué
sigo
con
esta
locura

11-14-93

The most wondrous gift
I got
at ten
was Karen Birch leaning forward in the school bus
to pick up her books
her blouse flopped open
and ecstasy filled my eyes
like tears Michelangelo had in his vision of the Virgin

I was immediately lost
mesmerized
carried to a place hidden in my head that has crippled and
delighted me
these last forty years

I am dumbstruck by the miracle of women
again and again
rendered powerless
in the presence of a pair of perfect tits

11-14-93

El regalo más maravilloso
que me dieron
a los diez
fue Karen Birch inclinándose hacia delante en el autobús escolar
para recoger sus libros
su blusa se dejó caer abierta
y el éxtasis llenó mis ojos
como las lágrimas que Miguel Ángel tuvo en su visión de la Virgen

Estaba inmediatamente perdido
fascinado
había llevado a un lugar oculto en mi cabeza algo que me paralizó
y deleitó
estos últimos cuarenta años

Estoy estupefacto por el milagro de la mujer
una y otra vez
impotente y rendido
frente a la presencia de un perfecto par de tetas

LA COSTELLA

Alone
halfway up the greenest green mountain in Italy
clicking photographs
and out of words
after rummaging through
a six hundred-year-old stone village
staged by the uncomplicated power of what time has collected
here
shooing away angry chickens and generations of dust
but determined to wrap my American brain around
the experience of this place
what it means to be swallowed by my own history

I find myself
stumped
staring open-mouthed
like a child
in the presence of these ancient damp rooms and rough hewn stones
they are like a tabloid headline from renaissance
a lighted match
updating me to a revelation
the undeniable truth
that
I´ve caught
a glimpse
of God

LA COSTELLA

Solo
a mitad de camino de la montaña más verde de Italia
tomando fotos
y sin palabras
después de hurgar a través
de seiscientos años de pueblo de piedra
escenificado por el sencillo poder que acumuló el tiempo
acá
espantando pollos enojados y generaciones de polvo
pero decidido a envolver mi cerebro estadounidense alrededor
de la experiencia de este lugar
lo que significa ser tragado por mi propia historia

Me encuentro a mí mismo
perplejo
mirando fijamente con la boca abierta
como un chico
en presencia de esos antiguos espacios húmedos y piedras desbastadas
que lucen como un titular de un diario sensacionalista del renacimiento
un fósforo encendido
que me informa una revelación
la innegable verdad
de que
había capturado
un destello
de Dios

■

I always thought busy would stop it
or more exercise
or
costly blended whiskey
or a new red super-charged Chevy
or that falling down house I bought at the beach that time
or another marriage to a crazier bitch than the last one
or maybe a good review in *The Times*

but nothing stops it

nothing

stops
the
emptiness
of
being alone

■

Siempre pensé que manteniéndome ocupado lo detendría
o con más ejercicio
o
un costoso *whisky* combinado
o un nuevo y súper-cargado Chevy
o la caída de la casa que compré aquella vez en la playa
u otro matrimonio con una perra más loca que la anterior
o tal vez una buena reseña en *The Times*

pero nada lo detiene

nada

detiene
el
vacío
de
estar solo

■

The first time I heard
(Little) Richard Penniman
sing "Lucille"
wailing over the radio
I was a kid of 12 or 14

It was an amazing lightning rocket from Mars
a message as freeing and mystical
as
my first drink

I instantly felt
there was someone
a divine madman
willing to bet it all
to abandon himself
and fly out
as far as he could
to see the face of god

It changed my life in a wink

———

La primera vez que escuché
a (Little) Richard Penniman
cantar "Lucille"
aullando por la radio
yo era un chico de 12 o 14

Era un increíble rayo de cohete desde Marte
un mensaje liberador y místico
como
mi primer trago

Al instante sentí
que había alguien ahí
un divino demente
dispuesto a apostar todo
y abandonarse a sí mismo
y volar
tan lejos como pudiera
para ver la cara de dios

Cambió mi vida en un parpadeo

I don´t talk about why I write
with people
because I´m still mostly unable
to do it
to really say
with humility
precision
and intelligence
what really gets my dick hard about words

It always seems to come out egotistical or absurd or crazy sounding

So a while ago I gave up

But I´ll do it now
here
alone in a room when no one can hear or see me
and I won´t feel too much like a fool

My mission
why I write
is
to
change
the
world

Hey, don´t laugh
I bet it´s working

No hablo acerca de por qué escribo
con la gente
porque todavía soy prácticamente incapaz
de hacerlo
de decir realmente
con humildad
inteligencia
y precisión
qué es lo que realmente hace que mi pija se ponga dura por las palabras

Lo que sale siempre suena egoísta o absurdo o disparatado

Así que hace un tiempo me di por vencido

Pero lo voy hacer ahora
acá
solo en una habitación cuando nadie puede oírme ni verme
y no me voy a sentir demasiado tonto

La misión
por la que escribo
es
para
cambiar
el
mundo

Ey, no te rías
apuesto a que está funcionando

FOR LUCIA

After the heat
in the bookstore in Florence
where none of my books showed up for the reading
and
the craziest ride down from to the dripping hills
of Tuscany

In sudden seamless quiet
like spiders perched on the warmth of an ancient wall
we sat

Me
for once
out of words
childish and old against your beauty
smoking
allowing the measure of the night to perform
its music

Forgetting everything
except the syncopation
of silence
and the unexpected kindness
in
your
smile

———

PARA LUCÍA

Después del calor
en la librería en Florencia
donde ninguno de mis libros apareció para la lectura
y
la bajada más loca por las goteantes colinas
de Toscana

Con repentina y perfecta tranquilidad
como arañas posadas en el calor de la antigua muralla
nos sentamos

Yo
por primera vez
sin palabras
viejo e infantil contra tu belleza
fumando
permitiendo al ritmo de la noche interpretar
su música

Olvidando todo
excepto la síncopa
del silencio
y la inesperada bondad
de
tu
sonrisa

■

I´ve fallen in love
regularly
twice a day
in Italy

I tell myself
Yo Pops
you´re way too old
put your tongue
back in your face

And then
oops
there she is
buying cigarets
or
ordering coffee
some oozing black-eyed-spectacle
in skintight pants

instant merciless come-fuck-me sex

I know there´s incalculable history
here
I´ve touched it
my eyes and brain have absorbed
all there is
each molested molecule

Me enamoré
regularmente
dos veces por día
en Italia

Me digo a mí mismo
Eh, papá
estás demasiado viejo
poné tu lengua
de nuevo en tu cara

Y luego
uy
ahí está ella
comprando cigarrillos
o
pidiendo café
irradiando un espectáculo de ojos negros
en pantalones muy ajustados

de inmediato y sin compasión viene-el sexo a-joderme

Sé que ahí hay una historia incalculable
acá
me afecta esto
mis ojos y cerebro absorbieron
todo lo que existe
cada molécula molesta

But holy Jesus
help me
I´m drowning myself in these women

Pero sagrado Jesús
ayudáme
me estoy ahogando entre estas mujeres

∎

Everything in Italy
is a line

For trains
for first communion
for newspaper
food
smokes
and busses

endless squishing and pushing

In Pompeii
I queued up for an hour on the cobblestones in the blazing summer heat
and listened nonstop to babbling tour guide
just to step inside a suffocating stone room
for thirty seconds to see a 2000 year old fresco of a guy who
worshiped his cock

Now
days later
away from the frozen lava and the lines
safe at my keyboard
nothing blocking me but a blank page

come to think of it
why not—what else is new

he had the right idea

———

■

En Italia todo
es hacer cola

Para los trenes
para la primera comunión
por el periódico
comida
cigarrillos
y autobuses

aplastando y empujando sin fin

En Pompeya
hice cola durante una hora sobre los adoquines bajo el ardiente
    calor del verano
y escuché sin parar los balbuceos del guía turístico
sólo por caminar en el interior de una habitación de piedra sofocante
por treinta segundos para ver un fresco de 2000 años de antigüedad
    de un tipo que adoraba su pija

Ahora
días después
lejos de la congelada lava y las colas
a salvo en mi teclado
nada me bloquea sino una página en blanco

ahora que pienso en eso
por qué no —qué hay de nuevo

él tenía la idea correcta

Waking up
back in L.A.
after a twelve city Italian reading tour
and twenty-two hours in planes and cars
my jaw aching
my cappuccino machine hissing and snorting
as I check three weeks worth of e-mail and phone messages
and shuffle through letters hoping for
any check
hearing my dentist's pissed-off receptionist
reminding me that I blew my root canal
appointment
again

Now
today
like the sweetness of a first kiss
after years of publishers telling me I'm unmarketable
and agents who've joyously refused my calls

I just realized

I'm making a buck
at the thing I love most in the world

I'm real
no-shit
honest-to-Jesus
writer

■

Al despertarme
de regreso a Los Ángeles
después de una gira de lectura en doce ciudades de Italia
y veintidós horas en aviones y autos
mi mandíbula dolorida
mi máquina de *cappuccino* dando silbidos y bufidos
mientras reviso tres semanas de *e-mails* y mensajes telefónicos
y revuelvo las cartas con la esperanza de encontrar
algún cheque
escuchando al recepcionista de mi dentista enojado
recordándome que perdí el turno
de mi tratamiento de conducto
de nuevo

Ahora
hoy
al igual que la dulzura de un primer beso
después de años de editores que me dicen que no soy comercializable
y de agentes que gozosamente rechazaron mis llamadas

Me acabo de dar cuenta

Estoy haciendo dinero
con la cosa que más quiero en el mundo

Soy un verdadero
—no es joda,
fiel a Jesús—
escritor

■

After my first novel
I took a break
and waited—drained
air and fire all ashes
after months and years of headfirst self-destruction
reenacted at a keyboard
by a ghoul alone in a room
painting his cadaver
apllying powder and lipstick over the stab wounds
before viewing
the posthumous birth
of
a perfectly rounded turd

Every broken promise
the borrowed and unrepaid money
face after face dragged from the darkest rancid corner
of my gut

Open-heart surgey
for a writer

a kind of pre-death

requiring months of matinee movies
and TV
and books and weird sexual requests
just to recover
my chops

■

Después de mi primera novela
tomé un descanso
y esperé —vacié
el aire y todas las cenizas del fuego
después de años y meses de desenfrenada autodestrucción
recreada en un teclado
por un maligno espíritu a solas en una habitación
pintando su cadáver
usando polvo y lápiz labial sobre las heridas de cuchillo
antes de ver
el nacimiento póstumo
de
un perfecto sorete redondeado

Cada promesa incumplida
el dinero prestado y no devuelto
rostro tras rostro desde el rincón más oscuro y rancio
de mi intestino

Cirugía a corazón abierto
para un escritor

una especie de premuerte

necesitando meses de películas matinales
y TV
y libros y extrañas peticiones sexuales
sólo para recuperar
mis habilidades

(AND THAT WAS TWO NOVELS AGO)

So
this week I get a fat envelope
from my publisher
with rave reviews
and high praise for my stuff from four countries
and a letter saying
stuff like
"we´re on our way"

2

and "from now on every book you write will ring the bell and
reinforce the excellence of your literary reputation"

As if what I have seething within me comes from a gleaming
oiled faucet
in the bathroom
of a hotel suite
overlooking
an impeccable Mediterranean June
and not from reliving twenty years of slow death

"Hey, thanks for your marketing insight"
my letter back said
"I´m done
I´ve decided to take up Chinese Checker"

(Y ESO PASÓ DOS NOVELAS ATRÁS)

Así
esta semana recibo una carta de aceptación
de mi editor
con excelentes críticas
y un gran elogio por mis cosas de cuatro países
y una carta que dice
algo así como
"Estamos por el buen camino"

2

y "a partir de ahora cada libro que escribas hará sonar la campana
    y fortalecerá la excelencia de tu reputación literaria"

Como si lo que estuviera explotando dentro de mí viniera de un
    reluciente
grifo engrasado
de una suite de hotel
con vista a
un impecable Mediterráneo de junio
y no de revivir veinte años de muerte lenta

"Ey, gracias por su intuición para el marketing"
decía mi carta de respuesta
"Ya terminé
 decidí continuar con las Damas Chinas"

■

Publishers don´t know what they´re doing
not a one
and
trust me
literary agents know even less

I´m vexed by having these guys in my life
filling the earpiece of my phone
and e-mail screen
with
urgency
and diaphanous phrases
of tribute

truckloads
of sage pontifical market-driven
puke

When I hang up phone
or click off
I always know I´ve been sold a platinum toilet plunger
or fool´s gold

white-knuckle applause

■

Los editores no saben lo que están haciendo
ninguno
y
confiá en mí
los agentes literarios saben aún menos

Me molesta tener a estos chicos en mi vida
que ocupan el auricular de mi teléfono
y la pantalla de correo electrónico
con
urgencia
y diáfanas frases
de tributo

camiones
de pontífices sabios impulsados por el vómito
del mercado

Cuando cuelgo el teléfono
o lo apago
siempre me doy cuenta de que me vendieron un platinado destapador
    de inodoro de oro falso

aplauso de nudillos

The only real peace there is for a writer is at the typewriter
facing it
as he must
headfirst
without artifice
waiting for the fingers to move
until
once more
with only heart as a shield

he listens for the sound of the music

La única y verdadera paz que existe para un escritor está en la
    máquina de escribir
frente a ella
él debe
de forma imprudente
y sin artificios
esperar que los dedos se muevan
una
vez más
sólo con su corazón como escudo

él espera el sonido de la música

■

Snooping around
in the
poetry section
at Midnight Special bookstore
I came on two thin
Rays Carvers

Flipped his pages
looking to find one
that exposed the poets heart
and passion
because with writers
feelings their feelings is what it´s always all about

and ray was good

What I got
after twenty trys
were polished stones
rather than
insights
and
the thought
that
Carver caught his last fish
set his final hook
at
not one second short

■

Husmeando
en la
sección de poesía
de *Midnight Special Bookstore*[1]
encontré dos delgados
Rays Carvers

Pasé sus páginas
tratando de encontrar algo
que expusiera la pasión
y el corazón del poeta
porque con los escritores
de lo que siempre se trata es de sentir sus sentimientos

y Ray era bueno

Lo que encontré
luego de veinte intentos
fueron piedras pulidas
más que
visiones internas
y
el pensamiento
de que
Carver atrapó su último pez
preparó su anzuelo final
en
el primer intento

of
exactly the right time

Every writer should be that lucky

de
tiempo exacto

Todo escritor debería tener esa suerte

---

1 Librería independiente de Santa Mónica, al sur de California.

FOR NICK

Mom dressed me
in new blue jeans and a clean shirt
and combed my wild hair down
and made me wait on the road
next to you

I was sure my chest would explode

Everything that ever broke in my life
seemed to be broken that day
each memory of stupidity and confusion
my lies and crushed toys
the time I poisoned the cat
or crapped in my pants and couldn´t tell anyone
or smashed Dad´s electric razor
into a zillion tiny plastic bits

It was all there
the day I started school
pure panic rendering me speechless
sitting next to you on that bus

My big brother
holding my hand

not caring you looked like a goof

telling me not to cry
it would all be okay

PARA NICK

Mamá me vistió
con unos nuevos jeans azules y una camisa limpia
y peinó mi salvaje melena
y me hizo esperar en la carretera
a tu lado

Yo estaba seguro de que mi pecho iba a explotar

Todo lo que alguna vez se detuvo en mi vida
parecía que iba a romperse ese día
cada memoria de estupidez y confusión
mis mentiras y mis juguetes aplastados
el tiempo en el que envenené al gato
o cagué en mis pantalones y no podía decirle a nadie
o destrocé la afeitadora eléctrica de papá
en un trillón de pequeños trozos de plástico

Todo estaba ahí
el día que empecé la escuela
un pánico puro que me dejaba mudo
sentado a tu lado en el autobús

Mi hermano mayor
sosteniendo mi mano

sin importarle que pareciera un bobo

diciéndome que no llorara
que todo iba a estar bien

Well, it never was
Nick
I never fit in
and hated every minute of the next 14 years in school
and would have preferred a spear through the neck
but thanks anyway
for trying

Bueno, nunca ocurrió
Nick
yo nunca encajo
y odié cada minuto de los siguientes 14 años en la escuela
y hubiera preferido una lanza en el cuello
pero gracias de todas formas
por intentarlo

It was ripped
from me
unknowingly
by my own hand
and
I bled salvationless oily useless tears
trying to get it back
but nothing and no one can replace what has been lost

only the self survives

Innocence has to be unlearned by pain
then
experienced again
like a fresh piece of ass

■

Se desgarró
de mí
inconscientemente
por mi propia mano
y
sangré aceitosas e inútiles lágrimas indefensas
tratando de recuperarlo
pero nada ni nadie puede sustituir lo que se perdió

sólo el yo sobrevive

La inocencia tiene que ser desaprendida por el dolor
después
experimentada otra vez
como un fresco pedazo de culo

■

I will fall one day
and dump truck with two guys
wearing ragged overalls
will stop and scoop me up

They'll carry me off to cold storage
painting my face
making my teeth look straight and white
before
they ignite my useless bones

My ashes will be thrown in a park somewhere
under a tree
and little girls wearing oxford shoes
playing jump rope
will bounce up and down on wisp of me
until they begin to dream of boys
and discover bras and thonged pink panties
and the secret pleasures to be found when no one is watching

All this will delight me no end
and somewhere
in eternity
jerking off
I will experience unremitting contentment

———

■

Un día voy a caer
y un volquete con dos hombres
vestidos con harapientos mamelucos
se detendrá y me recogerá

Me van a tirar al depósito frío
pintando mi cara
haciendo que mis dientes se vean rectos y blancos
antes
de que enciendan mis huesos inútiles

Mis cenizas serán lanzadas en algún lugar de un parque
debajo de un árbol
y pequeñas niñas con zapatos oxford
jugando a saltar la cuerda
saltarán hacia arriba y hacia bajo de mí
hasta que empiecen a soñar con niños
y descubran corpiños y bombachas de color rosa
y los placeres secretos que se encuentran cuando nadie mira

Todo esto hará que mi deleite nunca termine
y en algún lugar
en la eternidad
masturbándome
voy a experimentar una incansable alegría

Jobs and fortunes
are won and lost
and so it goes

kids grow up
copying the mistakes they've been shown
and so it goes

Fools run nations
campaign again and get revoted in
and so it goes

Stupidity is recycled
like homogenized snake venom
and so it goes

The greatest fortunes
are won and quickly pissed away
and so it goes

History repeating itself
coming first as tragedy then as farce
and so it goes

Until some fool has horse sense enough to step out of the fucking line

■

Empleos y fortunas
se ganan y pierden
y así esto sigue

los niños crecen
copiando los errores que les enseñaron
y así esto sigue

Estúpidas carreras de campaña
nacional y conseguir nuevos votos
y así esto sigue

La estupidez se recicla
como un homogeneizado veneno de serpiente
y así esto sigue

Las más grandes fortunas
se ganan y se desperdician rápidamente
y así esto sigue

La historia se repite a sí misma
llegando primero como tragedia y luego como farsa
y así esto sigue

Hasta que algún tonto tiene el suficiente sentido común como
    para cruzar la puta línea

■

That soft
place
the gentle inside of your thigh
like the cheek of a flower
and
then the tangy-stinging-taste of you
opening on my tongue

that flawless first time

like the sweetness in waking and sleeping all at once
or
when I was five—knowing and feeling the amazing magic of the
calliope
on the carousel at Santa Monica Pier
safe in my dad's thick arms going around and around forever

nothing
except you
and the feeling
has ever been more perfect

■

Ese mullido
lugar
el suave interior de tu muslo
como la mejilla de una flor
y
entonces tu picante sabor punzante
entrando en mi lengua

esa perfecta primera vez

como la dulzura de dormir y estar en vigilia al mismo tiempo
o
cuando tenía cinco años —sabiendo y sintiendo la sorprendente
    magia de Calíope
en el carrusel en el Muelle de Santa Mónica
a salvo en los brazos de mi padre dando vueltas y vueltas para siempre

nada
excepto vos
y el sentimiento
han sido nunca más perfectos

4-16-00

Opening the L.A Times Sunday Book Review
today
I saw it
three
full pages
about John Fante
my old
pop

consensus wisdom has now pronounced absolute praise for a new
national treasure
a biography is out about a passionate, crazy, drunken, angry
L.A writer
a volcano of man

and instead of being happy for my dad
I sat furious—the words tore at my heart
and
I yelled something shitty at my girlfriend down the hall in the
bathroom
about her cold coffee
and I thought fuck the fucking L.A. Times—they're fifty years too late
it can't help him now
he lost and gave up
blind and in a stinking hospital ward where the night maintenance guys
kept stealing his radio
and the Dodgers had their worst season in years
and I remember

4-16-00

Cuando abrí *L.A. Times Sunday Book Review*
hoy
vi
tres
páginas completas
sobre John Fante
mi viejo
padre

un consenso de sabios pronunció ahora una alabanza absoluta
    sobre el nuevo
tesoro nacional
una biografía sobre un hombre apasionado, loco, borracho y
    enojado está en venta
un escritor de L.A.
un volcán de hombre

y en vez de sentirme feliz por mi padre
me sentí furioso —las palabras desgarraron mi corazón
y
le grité algunas groserías a mi novia en el pasillo del baño
por su café helado
y pensé en que se vaya a la mierda el puto *L.A Times* —cincuenta
    años es demasiado tarde ahora esto no puede ayudarlo
él perdió y se rindió
ciego, en una sala de hospital apestosa donde los chicos de
mantenimiento de la noche le robaban la radio
y Los Dodgers tuvieron su peor temporada en años
y yo recuerdo

sitting with him and holding his hand to my cheek and thinking
to myself
what a lousy way to die
for a man who once had such power
whose words held so much beauty
that the sky itself
was increased by a billion stars

estar sentado con él sosteniendo su mano en mi mejilla y pensando
   para mis adentros
qué pésima manera de morir
para un hombre que una vez tuvo tanto poder
cuyas palabras celebraron tanta belleza
que el mismo cielo
se incrementó con un billón de estrellas

2002

Now that I´ve written
ten years worth of books and plays
and given up booze
and cigarettes and filthy glorious pornography
and my clothes don´t stink from sleeping in my old Pontiac all night
and my hair is thinner and I´m twenty pounds too fat
and deep in my fifties with returns calls to make and responsibilities
and the arguments I have with cops are no longer about bail and unpaid
warrants or where I hid my gun
I
now feel qualified to testify that time has changed nothing
this thing that all my life within me has ticked and squirmed
—this unfilled hole
—this need to yell out and to change things and never satisfied—
this voice that survived shrinks and jails and 3 divorces and suicide
and bankruptcy and dozens of self-improvement weekends
this rage
still guides my vision
and demands that I go headfirst against my life
like a fool
in search of
a
pure
white
flame

2002

Ahora que escribí
diez años de valiosos libros y dramas
y renuncié al alcohol
y a los cigarrillos y a la gloriosa y sucia pornografía
y mi ropa ya no apesta por dormir en mi viejo Pontiac toda la noche
con menos pelo y nueve kilos de más

y en mis ya avanzados cincuenta con responsabilidades y llamadas
   por contestar
y las explicaciones que tengo que dar a los policías ya no pasan por
pagar o no la fianza
de arresto o por dónde escondí el arma
yo
me siento ahora calificado para atestiguar que el tiempo en nada cambió
esta cosa que siempre se marcó y escabulló dentro de mí
—este agujero vacío
—esta necesidad de gritar y cambiar las cosas y nunca estar satisfecho
esta voz que sobrevivió a psiquiatras y cárceles y tres divorcios y el suicidio
y la bancarrota y docenas de fines de semana de automejoramiento
esta rabia
sigue orientando mi visión
y solicita que vaya en picada contra mi vida
como un tonto
en busca de
una
pura
llama
blanca

TO MARK

Walk with only words
and books
as your friend
dream the dreams of deviant dead writer saints
who
coming before you
drowned the pain of their purest heart
in vats of gin
like a flailing
unloved cat

Embrace selfishness
and joblessness
smoke millions of unfiltered cigarets
and glue your ass hopelessly
to the evilest drunken crack whore
who'd trade your balls in a New York instant
for the guy at the end of the bar
with the pitted face
and
a fifty dollar bill

Do not be courageous
remember that all men are fools
and liars
soulless captives of their own bloodstained necessity

and forgive nothing

A MARK

Caminar sólo con palabras
y libros
como si fueran tus amigos
soñar los sueños de los santos anormales escritores muertos
que
vinieron antes que vos
y ahogaron el dolor de sus corazones puros
en tanques de gin
como un azotado
gato no querido

Abrazar al egoísmo
y al desempleo
fumar millones de cigarrillos sin filtro
y pegar tu culo desesperadamente
al peor borracho puto drogadicto
que estaría dispuesto a comerciar tus bolas en un instante de Nueva York
con el chico del final de la barra
de cara poceada
y
un billete de cincuenta dólares

No seas valiente
recordá que todos los hombres son tontos
y mentirosos
prisioneros sin alma de su propia necesidad manchada con sangre

y no perdones nada

Then maybe one day
like me
your feet aching and your skull still raw from last night's festivity
you'll kick over a box
or turn a page
and find yourself face to face
with
the blurry eyes of god

Entonces tal vez un día
al igual que yo
con tus pies doloridos y tu cráneo abierto de la fiesta de la noche
    anterior
vas a patear una caja
o dar vuelta una página
y encontrarte cara a cara
con
los ojos borrosos de dios

HIGHWAY TRAVEL SERVICE, Waterloo, Iowa

Agradecimientos

A:

Dan Fante, por su confianza y amistad.
Allen Berlinski (editor de Sun Dog Press),
por involucrarse en este proyecto.
Luis Benítez y Aixa Rava,
por su incondicional apoyo.

© *Rémy Boudet* —

Sobre el autor

Dan Fante (Los Ángeles, 1944), hijo del mítico escritor y guionista italo-americano John Fante, abandonó Los Ángeles a los veinte años y se trasladó a vivir a Nueva York, donde sobrevivió trabajando como vendedor puerta a puerta, taxista, limpiador de ventanas, vendedor telefónico y un largo etcétera de empleos de todo tipo. Es autor de cuatro novelas protagonizadas por su álter ego Bruno Dante, de un libro de relatos, de dos obras de teatro y de dos libros de poesía. *A Gin-Pissing-Raw-Meat-Dual-Carburetor-V8-Son-Of-A-Bitch from Los Angeles* es la primera obra de poesía de Dan Fante traducida en español.

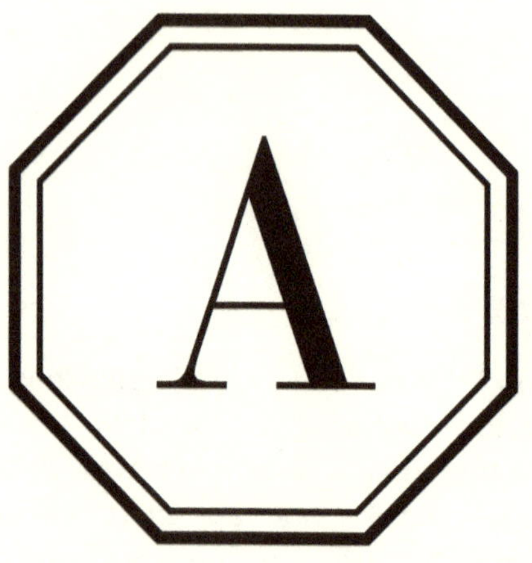

Colección Abracadabra

ARTHUR RIMBAUD

Nuevos Versos y Canciones

Vers Nouveaux et Chansons

Traducción y notas de Juan Arabia

buenosaires
poetry

Julio 2015
Impreso en Buenos Aires,
Buenos Aires Poetry Ediciones
www.buenosairespoetry.com